MODELOS DIALÓGICOS

PURDUE UNIVERSITY MONOGRAPHS IN ROMANCE LANGUAGES

William M. Whitby, Editor Emeritus

Allan H. Pasco, General Editor

Enrique Caracciolo-Trejo and Djelal Kadir, Editors for Spanish

Allen G. Wood, Editor for French

Associate Editors

I. French

Max Aprile, Purdue University
Paul Benhamou, Purdue University
Willard Bohn, Illinois State University
Gerard J. Brault, Pennsylvania State University
Germaine Brée, Wake Forest University
Jules Brody, Harvard University
Victor Brombert, Princeton University
Ursula Franklin, Grand Valley State College
Floyd F. Gray, University of Michigan
Gerald Herman, University of California, Davis
Michael Issacharoff, University of Western Ontario
Thomas E. Kelly, Purdue University
Milorad R. Margitić, Wake Forest University
Bruce A. Morrissette, University of Chicago
Roy Jay Nelson, University of Michigan
Glyn P. Norton, Pennsylvania State University
David Lee Rubin, University of Virginia
Murray Sachs, Brandeis University
English Showalter, Jr., Rutgers University, Camden
Donald Stone, Jr., Harvard University

II. Spanish

J. B. Avalle-Arce, University of California, Santa Barbara
Rica Brown, M.A., Oxon
Frank P. Casa, University of Michigan
James O. Crosby, Florida International University
Alan D. Deyermond, Westfield College (University of London)
David T. Gies, University of Virginia
Roberto González Echevarría, Yale University
Thomas R. Hart, University of Oregon
David K. Herzberger, University of Connecticut
Howard Mancing, Purdue University
Floyd F. Merrell, Purdue University
Geoffrey Ribbans, Brown University
Elias L. Rivers, SUNY, Stony Brook
Francisco Ruiz Ramón, Vanderbilt University
J. M. Sobré, Indiana University
Bruce W. Wardropper, Duke University

Volume 27

Alicia G. Andreu

Modelos dialógicos en la narrativa de Benito Pérez Galdós

ALICIA G. ANDREU

MODELOS DIALÓGICOS EN LA NARRATIVA DE BENITO PÉREZ GALDÓS

JOHN BENJAMINS PUBLISHING COMPANY
Amsterdam/Philadelphia

1989

Cover illustration: photograph of Benito Pérez Galdós, reproduced with permission from H. Chonon Berkowitz, *Pérez Galdós: Spanish Liberal Crusader* (Madison: University of Wisconsin Press, 1948).
© Board of Regents of the University of Wisconsin System.

Library of Congress Cataloging in Publication Data

Andreu, Alicia G.
  Modelos dialógicos en la narrativa de Benito Pérez Galdós / Alicia G. Andreu.
    p.   cm. -- (Purdue University monographs in Romance languages, ISSN 0165-8743; v. 27)
  Bibliography: p.
  1. Pérez Galdós, Benito, 1843-1920 -- Criticism and interpretation. 2. Dialogue. I. Title. II. Series.
  PQ6555.Z5A694   1989
  863'.5 -- dc 19   89-31929
  ISBN 90 272 1740 8 (Eur.) / ISBN 1-55619-058-1 (US) (pb.; alk. paper)   CIP
  ISBN 90 272 1737 8 (Eur.) / ISBN 1-55619-057-3 (US) (hb.; alk. paper)

© Copyright 1989 - John Benjamins B.V.
No part of this book may be reproduced in any form, by print, photoprint, microfilm, or any other means, without written permission from the publisher.

A Aaron y Douglas

Con la virtud misteriosa del diálogo parece que vemos y oímos, sin mediación extraña, el suceso y sus actores, y nos olvidamos más fácilmente del artista oculto que nos ofrece una ingeniosa imitación de la naturaleza.

Benito Pérez Galdós, 1897
Prólogo, *El abuelo*

Indice

Agradecimientos .... *xi*
Prólogo .... *xiii*

1. Introducción: marco teórico 1
2. *Tormento* 21
3. *La incógnita* y *Realidad* 31
4. *Doña Perfecta* 47
5. *Fortunata y Jacinta* 65
6. Mauricia *la Dura* 85
Conclusión 97

Notas 101
Bibliografía 117

Agradecimientos

QUIERO AGRADECER la generosidad de la National Endowment for the Humanities bajo cuyo auspicio tuve la oportunidad de asistir a la Universidad de Yale donde pude familiarizarme con la metodología aplicada a este estudio. Al mismo tiempo, expreso mi reconocimiento por el apoyo de Roberto González Echevarría. A Robert Jackson agradezco el que me haya conducido a descubrir la narrativa galdosiana y a Eduardo Forastieri la cuidadosa lectura y comentario de este texto.

Prólogo

BENITO PEREZ GALDOS, como ya lo ha definido muy bien la crítica, anhelaba la fundación de una nueva literatura que sirviera de fundamento a una renovada conciencia literaria española, autónoma y autóctona. Estimulado por esta idea, se entrega Galdós a la búsqueda de una escritura que pudiera renovar y, tal vez hasta reemplazar a la, por entonces, deficiente literatura nacional. En el intento de lograrlo, busca la respuesta en una serie de textos españoles—antiguos y modernos. Al encontrarlos, los resucita en el momento en que los incorpora a su narrativa.

Los textos provenientes de la vieja tradición española establecen una relación dialógica con los textos más recientes. Es precisamente por medio de la interacción, del diálogo, que se crea como resultado de la presencia de todos estos textos, los antiguos y los contemporáneos, que se hace posible la conceptualización y el logro de toda una nueva escritura. En otras palabras, la presencia del diálogo entre los varios textos presentes en el espacio de la narrativa galdosiana es lo que hace posible la estructura intertextual que define la narrativa de Benito Pérez Galdós y que analizaremos en este libro.

La definición del diálogo, tal como se utiliza en este estudio, deriva de las teorías del crítico ruso, Mikhail Bakhtin. Lo que Bakhtin entiende por diálogo es la interacción que se produce entre textos múltiples y variados presentes en un espacio narrativo determinado. Para comprender las bases teóricas bakhtinianas se hace necesario referirse a su análisis del carnaval y de la literatura carnavalesca cuyos orígenes los remonta a la cultura popular de la Edad Media y del Renacimiento. En la antigüedad, el carnaval era un período de alegría ya que representaba una manera auténtica del pueblo de despojar a la vida de su aspecto de orden y de normalidad al permitir la incorporación de su lado extravagante. Lo grotesco de la existencia parodiaba el orden establecido, la razón. La dinámica del carnaval estaba basada en la confrontación dialógica de estas dos entidades opuestas y contradictorias. En el vaivén entre el orden y el desorden, radicaba la esencia del carnaval: todo encerraba una antítesis, una contradicción.

Para Bakhtin, el elemento popular del carnaval apareció como una reacción en contra del espíritu didáctico y utilitario del Siglo de las Luces. Dicha actitud de resistencia, de contraataque, se manifiesta en la imagen central que domina el carnaval, y que llega vinculada a actividades del cuerpo, especialmente a aquéllas relacionadas a las de la cintura para abajo. La digestión, la defecación y la vida sexual eran tres de las funciones básicas contenidas en esta imagen. En una posición opuesta a la postura convencional—puritana y negativa en cuanto a una expresión de las necesidades básicas humanas—el carnaval transformaba estas acciones al brindarles atributos positivos.

A causa de sus bases de resistencia y de rebeldía la imagen central del carnaval no era estática. Lo que el carnaval trataba de captar, a través de este proceso de confrontación, era precisamente la esencia de todo aquello que se encontraba en estado de desarrollo, de gestación, de un "llegar a ser." De ahí que esta imagen presentara simultáneamente los dos polos del proceso intrínsicamente unidos: juventud/vejez, alto/bajo, alabanza/abuso, tragedia/comedia. La característica estructural de la imagen carnavalesca estaba basada, por lo tanto, en la incorporación y en la unión de estos dos polos de evolución o, si se quiere, de los dos componentes de esta antítesis: lo negativo unido a lo positivo, la muerte unida a la resurrección.

Según Bakhtin, el principio carnavalesco, basado en la contradicción, fue asumido más tarde por la literatura a través del tropo de la parodia. Por medio de la parodia, el realismo grotesco—término que Bakhtin le asigna al género literario capaz de contener el aspecto bufonesco del precepto carnavalesco—incorpora los elementos antitéticos y contradictorios que distinguían al carnaval antiguo. Al confrontarse la retórica establecida con la popular, la primera sale desnivelada, degradada. Cuando más encumbrada se encuentra aquélla, más fácil es su transformación. La parodia para Bakhtin logra, por consiguiente, la degradación de todo lo que es alto, espiritual, idealizado, llevándolo a la esfera de lo mundano y lo terrenal. Por medio del tropo de la parodia opera en el realismo grotesco el mismo dinamismo de destrucción del carnaval antiguo, ya que su propósito fundamental es el de transformar, a través de la confrontación, los cánones literarios establecidos. La carnavalización de la literatura implica parodia, entonces, en la medida en que equivale a confrontamiento e interacción de distintos lenguajes, de distintas texturas lingüísticas.

Con la transferencia del concepto del carnaval a la literatura, el "realismo grotesco" nace precisamente de la contienda dialógica que se crea entre discursos provenientes de textos dispares y conflictivos. El resultado de la contienda es la creación de una nueva palabra cuya característica principal es la ambivalencia, la ambigüedad. Este aspecto está presente porque a esta palabra se le ha aplicado, yuxtapuesto, a través del diálogo, el uso de otra palabra, dándole a la primera un nuevo significado a la misma vez que retiene su significado original. La palabra ambivalente se distingue, entonces, por tener una dualidad de significados.

Bakhtin lamenta que la llegada de la época moderna haya llegado a transformar el principio carnavalesco del realismo grotesco de la Edad Media. Deplora concretamente la disminución y la ausencia del lado expansivo que le otorgaba al carnaval la presencia del elemento popular. Este cambio se empieza a sentir en la literatura del siglo diecisiete, en las formas decrépitas, carentes de sentido, que son las que le dan su carácter distintivo. Esta misma ausencia se percibe con la llegada del movimiento romántico, especialmente en el énfasis que éste le da al lado negativo y de estancamiento implicados en la existencia humana. En lugar de un mundo compuesto de elementos antitéticos, nos encontramos con un mundo ensimismado en preocupaciones de tipo moral y en abstracciones de toda índole. Como resultado, la imagen carnavalesca de la obra romántica es la de una figura rota, alienada. La compara el crítico al demonio de la fertilidad con el falo desprendido y el estómago magullado, aplastado.

Una visión negativa semejante de la literatura la aplica Bakhtin al resto del siglo diecinueve, con excepción de las obras de algunos de los escritores europeos más conocidos: Stendhal, Balzac, Hugo y Dickens. Aunque Bakhtin no incluye a Benito Pérez Galdós en este grupo de novelistas, el propósito de este estudio es el de señalar que la narrativa galdosiana contiene el principio carnavalesco descrito por Bakhtin en su obra crítica. Semejante a los escritores decimonónicos mencionados, participa la obra de Galdós del realismo grotesco. Al igual que lo que sucedió con el carnaval antiguo, el escritor español incorpora en su narrativa discursos contradictorios provenientes de una variedad múltiple de textos. De esta manera, relativiza el escritor el discurso oficial, aparentemente estable, de la España decimonónica y lo transforma, renovándolo.

Así como las obras de Rabelais y de Dostoevsky están basadas en la confrontación dialógica de dos discursos, el vernacular (aquél vinculado al cuerpo y a la risa) y el latín (discurso oficial, serio), la narrativa del escritor español está también basada en la confrontación de dos discursos, el oficial y el vernacular; éste último proveniente de textos populares como eran los sainetes y las novelas de folletín, para mencionar sólo dos ejemplos. Como veremos en este estudio, el elemento principal que caracteriza la obra de Galdós es el aspecto de confrontación en que se hallan las voces discursivas de los diferentes textos que participan de su narrativa. Mi enfoque estará basado, por lo tanto, en la exploración de estas voces en cinco de las Novelas Contemporáneas de Pérez Galdós: *Tormento, Doña Perfecta, La incógnita, Realidad* y *Fortunata y Jacinta*.

La selección de estas obras ha sido, hasta cierto punto, arbitraria ya que el propósito de este estudio es el de presentar al lector con un modelo de lo que la crítica entiende por intertextualidad y de demostrar la aplicación de este modelo a un grupo de novelas escritas por Benito Pérez Galdós. Dada la flexibilidad—la elasticidad—que caracteriza toda la novelística del autor de las Novelas Contemporáneas y de los Episodios Nacionales (de la cual las cinco novelas seleccionadas son sólo un pequeño muestrario), es claramente comprensible que la narrativa de Galdós se adapte fácilmente a este relativamente nuevo (relativamente hablando) enfoque crítico.

A un nivel más específico, la selección de estas cinco novelas responde al hecho de que cada una de ellas ejemplifica un aspecto específico de la intertextualidad. *Tormento* representa el diálogo entre dos voces textuales claramente definidas dentro de una sola obra, la del folletín y la realista. *La incógnita* y *Realidad* representan, por otro lado, el diálogo intertextual pero no ya dentro del contexto de una sola novela como es el caso de *Tormento*, sino más bien entre dos novelas distintas. Las voces de *La incógnita* dialogan entre ellas y dialogan con las voces de *Realidad*, y viceversa. El interés de *Doña Perfecta* radica en el tipo de palabra que surge como resultado de la intertextualidad. Aunque esta nueva palabra llega marcada por la ambigüedad, es su aspecto de violencia el que establece el tono y el significado del lenguaje de toda la novela. Con *Fortunata y Jacinta* se desarrolla el aspecto polifónico de la novela, en el cual las voces que se escuchan son múltiples y variadas. Estas voces de lenguajes y de estilos diferentes, que dialogan entre ellas a un nivel sincrónico, forman el "collage" que caracteriza la novela. Aunque toda la obra parecería seguir un desarrollo lineal, la construcción de "collage" niega la presencia de este desarrollo. En el último capítulo analizamos la multiplicidad de textos subyacentes, tanto al discurso de Mauricia *la Dura*, como al de aquél con el cual se confronta la reclusa en repetidas ocasiones. Analizamos, también, el aspecto carnavalesco de la palabra mauriciana, aspecto con el que subvierte ésta las voces antagonistas.

En resumen, el propósito de este trabajo es el de señalar el aspecto intertextual como uno de los elementos principales de la narrativa galdosiana. El estado de confrontación en el que se hallan los textos presentes en su obra es lo que hace posible la interacción dialógica de las diferentes voces textuales. La incorporación y mezcla de estos textos más la posición de confrontación en que se encuentran, es responsable, asimismo, de la nueva narrativa galdosiana. La mezcla híbrida de géneros y de estilos diferentes va creando una nueva palabra cuya distinción principal es la ambigüedad y la ambivalencia.

1
Introducción: marco teórico

LA INTERTEXTUALIDAD es el mecanismo que gobierna el injerto de un texto dentro de otro y el que permite la incorporación de un texto en otro, creando una especie de "collage" o de superposición en la superficie de un segundo texto. Julia Kristeva, quien fue la primera que acuñó el término "intertextualidad," define su función en los siguientes términos:

> Tout texte se construit comme mosaïque de citations, tout texte est absorption et transformation d'un autre text. A la place de la notion d'intersubjectivité s'installe celle d'intertextualité, et la langage poétique se lit, au moins, comme double.[1]

Dentro de esta perspectiva, una obra sólo puede ser leída en relación con otros textos. Son éstos los que le proveen a la primera una especie de tejido a través del cual puede ser no sólo leída, sino también estructurada, al establecer expectativas que permiten que el lector seleccione sus rasgos distintivos y les dé una estructura.[2]

No todos los textos muestran, sin embargo, el mismo grado de intertextualidad. En algunos casos el aspecto de intertextualidad establece el principio generador del texto. En otros casos, aparece éste sólo incidentalmente. Gustavo Pérez Firmat señala que el texto "injertado" es el intertexto (IT) del texto (T).[3] La presencia de un IT presupone la presencia de otro texto "que le sirve de marco, de engaste, y que no es el texto global (T) que lo circunscribe." A este otro texto lo denomina "exotexto" (ET). Gérard Genette, por otro lado, se refiere al texto modelo como "hipotexto" y al segundo que lo contiene, o que lo absorbe, como "hipertexto."[4]

El mecanismo intertextual se manifiesta en la presencia de citas y de reminiscencias dentro del texto.[5] Como ejemplos de las diferentes posibles citas se encuentran las frases tomadas directamente de otros textos, en los personajes provenientes de otros textos y en las referencias directas hechas a otras obras previas del mismo autor. Aunque la presencia de la reminiscencia se mantiene siempre latente en el texto, no aflora a la superficie tal como lo hace la cita. Por reminiscencia se entiende todo aquel componente lingüístico que se refiere al pasado pero que no aparece a la superficie más que como una memoria, un recuerdo formal que orienta, que apunta y que divide.

Habría que señalar, asimismo, que la intertextualidad no siempre depende de textos literarios. En el "collage" participan también algunos ajenos a la literatura. Presentes están, por ejemplo, aquéllos inscritos en marcos culturales, pasados y presentes. Ejemplos se encuentran, asimismo, de textos de arte gráfico, con códigos urbanos (anuncios y letreros), de textos sociológicos, políticos, históricos y económicos. Otros provienen de la comunicación basada en la producción, en los negocios, en las relaciones familiares y en ideologías en el sentido estricto de la palabra: propaganda, centros pedagógicos, filosofía, entre otros.[6] Conviene señalar que ninguno de estos textos se inscribe en su forma original en el ámbito del texto básico.

Por último, la incorporación, el injerto, del segundo texto en el primero no logra la modificación de ninguno de los elementos básicos del primer texto. Lo que sí se logra es la formación y la unión de dos sistemas de signos, los cuales lo relativizan. Severo Sarduy, refiriéndose a este aspecto, utiliza el término de "condensación" para señalar la tensión que se crea como resultado de la superposición de dos o más sistemas.[7] Dicha tensión resulta de la unión de elementos dispares los cuales, una vez perdida su autonomía, su definición propia, existen sólo en la medida en que logran la unión. Como consecuencia de la yuxtaposición de estos dos elementos se crea un nuevo significado.

Concepto de discurso de Bakhtin: enunciación y contexto de ella

Antes de penetrar más detalladamente en la definición de la intertextualidad conviene examinar el concepto de discurso tal como lo entiende Mikhail Bakhtin por ser éste imprescindible en la formulación de sus nociones intertextuales. Para Bakhtin, todo objeto de la lingüística está constituído por un discurso—enunciación o expresión verbal—el cual consiste en dos partes. En primer lugar se encuentra el aspecto formal de una enunciación en el cual participan tales elementos como la gramática, la sintaxis, y otros rasgos similares del lenguaje. El segundo aspecto discursivo de la expresión verbal se refiere al contexto en que una enunciación ha sido formulada, o sea a todo aquello que ha sido traído a nivel de la producción verbal por el hecho de haber sido pronunciada, ya sea su contexto histórico, social y cultural. Tzvetan Todorov indica que es este aspecto único e individual del contexto el responsable de que las enunciaciones sean únicas e individuales:

Introducción

> The decisive role of the context of the uttering in the determination of the overall meaning of the utterance, and the fact that this context is, by definition, unique (if only at the temporal level), leads to the opposition of the units of language to the instances of discourse, that is to the utterances, along the line of the "reiterative" versus the "unique."[8]

El hecho de que todo discurso se distinga por su individualidad hace imposible su reiteración, o su re-producción, aunque sí puede ser citado.

La postura fundamental que aquí asume Bakhtin es que toda expresión verbal es el producto de una formulación lingüística, pero que ésta es solamente uno de sus ingredientes. La enunciación está siempre determinada por las condiciones reales del enunciado y principalmente por la situación social más próxima. Bakhtin considera que el elemento que une la presencia material del discurso con su significado es lo que él clasifica como "evaluación social": "What is in reality this element that unites the material presence of discourse with its meaning? We submit that this element is social evaluation [ocenka]."[9] Según Medvedev y Bakhtin:

> It is this historical actuality, which unites the individual presence of the utterance with the generality and fullness of its meaning, which makes meaning concrete and individual and gives meaning to the word's phonetic presence here and now, that we call social evaluation.[10]

Concepto de heteroglosia (cruce de discursos)

Dado el hecho de que cada expresión verbal está orientada hacia un "horizonte" social (término utilizado por Todorov) e histórico, llega ésta compuesta de elementos semánticos y evaluativos responsables de que esté investida de una serie de valores. De ahí que Bakhtin considere que sólo la expresión verbal pueda ser considerada ya sea como bella, sincera, falsa, etc. Por otro lado, el número de estos horizontes verbales e ideológicos es alto pero no ilimitado, y cada expresión cae dentro de uno o más tipos de discursos determinados por los horizontes. Precisamente el concepto de "heteroglosia" empleado por Bakhtin se refiere a la existencia de *tipos* de enunciaciones, o discursos, en un número bastante alto, aunque limitado, los cuales llegan determinados por sus horizontes sociales e históricos particulares:

> In language there are no "neutral" words and forms—words and forms that can belong to "no one"; language has been completely taken over, shot through with intentions and accents. For any individual consciousness living in it, language is not an abstract system of normative forms but rather

a concrete heteroglot conception of the world. All words have the "taste" of a profession, a genre, a tendency, a party, a particular work, a particular person, a generation, an age group, the day and hour. Each word tastes of the context and contexts in which it has lived its socially charged life; all words and forms are populated by intentions. Contextual overtones (generic, tendentious, individualistic) are inevitable in the word.[11]

Señala Bakhtin que en todo momento de su existencia histórica el discurso es heterogloto de principio a fin en su representación de la co-existencia de contradicciones socio-ideológicas entre el pasado y el presente, entre diferentes épocas del pasado, entre diferentes grupos socio-ideológicos en el presente, entre tendencias, escuelas, círculos, entre otros. Estos discursos se cruzan en una multiplicidad de maneras a medida que van formando nuevos tipos de "lenguajes" sociales.[12]

Por otro lado, todos los discursos que participan en la heteroglosia sostienen sus propios puntos de vista del mundo, sus formas individuales de representar sus percepciones en sus propias palabras, todos ellos caracterizados por sus objetos, significados y valores particulares. Por lo tanto, se pueden yuxtaponer entre ellos, suplementarse mutuamente, contradecirse y relacionarse. De esta manera se puede decir que estos discursos viven una vida real, que luchan y se desarrollan en un ambiente de heteroglosia social. Todos estos discursos pueden, y entran, en el espacio narrativo de la novela donde pueden convivir juntos, uniéndose, parodiando y parodiándose.[13]

La palabra o enunciación y la respuesta

Hay que tener presente que los principios bakhtinianos de la heteroglosia se oponen al concepto tradicional de la unidad como el elemento fundamental del lenguaje. Bakhtin señala que toda enunciación participa de la unidad (en sus fuerzas y tendencias centrípetales) y de la heteroglosia (en sus fuerzas centrífugales). Asimismo, el ambiente auténtico de la enunciación, en el cual vive y se forma, es el de la heteroglosia dialogizada.[14] Para Bakhtin cada palabra, o enunciación, está orientada hacia una respuesta y no puede escapar de la profunda influencia que esta respuesta tiene sobre ella y que ella anticipa:

The word in living conversation is directly, blatantly, oriented toward a future answer-word: it provokes an answer, anticipates it and structures itself in the answer's direction. Forming itself in an atmosphere of the already spoken, the word is at the same time determined by that which has not yet been said but which is needed and in fact anticipated by the answering word. Such is the situation in any living dialogue.[15]

Una enunciación no puede existir sin la relación con otra enunciación. La palabra, orientada hacia su objeto, entra en un horizonte dialógicamente cargado y lleno de tensión, donde radican palabras extranjeras cada una con sus respectivos juicios de valores y acentos. Entra y sale esta palabra de relaciones complejas, se une a algunas, rehusa otras, se relaciona aún con un tercer grupo. Estas actividades van moldeando de una manera fundamental el discurso, dejando trazos en todos sus niveles semánticos, complicando su expresión e influyendo en todo su perfil estilístico.[16]

La relación intertextual entre enunciaciones: relación dialógica

A un nivel más elemental, todas y cada una de las relaciones entre dos enunciaciones es intertextual. Dos enunciados, dondequiera que se encuentren, tan pronto como estén situados uno al lado del otro, en el mismo plano semántico, establecen una relación dialógica entre ellos. El dialogismo es el modo característicamente epistemológico de un mundo dominado por la heteroglosia. Todo significa, todo se comprende, como parte de una totalidad más grande; existe una constante interacción entre significados, cada uno de los cuales tiene el potencial de condicionar a los otros: cuál va a afectar a cuál, cómo va a hacerlo y hasta qué punto son aspectos que realmente no se deciden sino hasta el momento de la enunciación.[17] Una vez establecida la posibilidad de un diálogo, una enunciación obtiene una respuesta de otra enunciación con lo cual se crean diferentes posibilidades dialógicas.

Hay que tener presente que Bakhtin no considera el estudio de las relaciones dialógicas del lenguaje como un estudio que pertenezca a la lingüística en el sentido estricto de la palabra, sino más bien a la metalingüística. La razón principal de esto radica en el hecho de que, a pesar de que ambas disciplinas estudian lo mismo—los muchos y extremados fenómenos de la palabra—se estudian desde diferentes perspectivas. Con la metalingüística se estudian los aspectos de la *vida* de la palabra que caen fuera de los límites de la lingüística propiamente dichos y que no han sido incorporados todavía en ninguna otra disciplina. Hay que tener en cuenta, no obstante, que la metalingüística no puede prescindir totalmente de aquélla ya que debe utilizar algunos de sus resultados.[18] Tzvetan Todorov coloca estas mismas relaciones dialógicas en el marco de lo que él llama "extralingüístico," disciplina que estudia, según él, "the stable, nonindividual, forms of discourse."[19]

El diálogo, la interacción verbal, a pesar de ser sólo una de las múltiples formas del discurso, es, para Bakhtin, uno de sus rasgos más esenciales. En su sentido más amplio, el diálogo incluye no sólo la conversación entre dos enunciados sino también toda forma de comunicación verbal: "It could be said that all verbal communication, all verbal interaction takes place in the form of an *exchange of utterances*, that is, in the form of a *dialogue*."[20]

Las relaciones dialógicas entre las enunciaciones serían imposibles sin la presencia de relaciones lógicas y concretamente semánticas, aunque no dependan específicamente de ellas por tener las relaciones dialógicas su propia especificidad. Además, para que una relación llegue a ser dialógica, lógica y concretamente semántica, debe ser personificada, incorporada, lo que significa que debe entrar en una esfera diferente de la existencia al convertirse en una palabra. Por último, debe tener un autor, el cual no es otro que el creador de la enunciación, cuya posición está manifiesta. Sobre el papel del autor en la relación dialógica escribe Bakhtin:

> In this sense every utterance has its author, who is heard in the utterance as its creator. We can know absolutely nothing about the actual author as he exists outside the utterance. The forms of actual authorship can be very diverse. A given work can be the product of a collective effort, can be created by the successive efforts of a series of generations, etc.—in any case we hear in it a unified creative will, a specific position to which we can react dialogically. A dialogical reaction personifies every utterance to which it reacts.[21]

Las relaciones dialógicas no sólo son posibles entre enunciaciones completas. El enfoque dialógico se puede aplicar a cualquier aspecto significativo de la enunciación, aún a la palabra individual, si ésta es vista como el signo de la posición semántica de otra unidad léxica, como la representación de la enunciación de otra palabra; es decir, si escuchamos en esa palabra la voz de otra. Por consiguiente, la relación dialógica puede penetrar una enunciación, o una palabra individual, con tal de que dos o más voces choquen dentro de ella. Dada esta característica, esta palabra se convierte en la palabra de doble filo, ya que surge bajo las condiciones de un intercambio dialógico. En resumidas cuentas, la palabra de doble filo es aquélla que contiene, como una parte integral de sí misma, una relación con la enunciación de otra palabra.

Emisor/receptor: interlocutores discursivos

Para Bakhtin todas las relaciones son relaciones (semánticas) entre todos los enunciados dentro de una comunicación verbal. El aspecto

Introducción

extraverbal de la enunciación está compuesto del horizonte espacial común a los interlocutores que participan del diálogo, del conocimiento y la comprensión de la situación, también común a los interlocutores, y de la evaluación mutua que los interlocutores sostienen sobre esta situación.[22] Por otro lado, es la presencia de dos o más horizontes sociales en la enunciación lo que hace posible la unión de dos discursos, el del remitente y el del receptor. En otras palabras, la presencia de dos o más entidades sociales hacen posible la traducción de la voz del remitente y el horizonte del receptor.

Tomando en consideración estos criterios, se puede deducir que las relaciones dialógicas pertenecen al orden del discurso y no al del lenguaje. Una vez establecida la posibilidad de un diálogo, una enunciación obtiene una respuesta de otra enunciación con lo cual se crean diferentes posibilidades dialógicas.[23] Por otro lado, el diálogo toma lugar a varios niveles. Puede ocurrir, por ejemplo, entre varias enunciaciones dentro de un solo lenguaje, lo que sería equivalente al diálogo primordial del discurso. Otros niveles dialógicos toman lugar entre varios "lenguajes sociales," dentro de un solo lenguaje nacional y finalmente, entre diferentes lenguajes nacionales dentro de una misma cultura, mejor dicho, el mismo horizonte conceptual socio-ideológico.[24] Todo discurso es, entonces, por naturaleza, dialógico ya que sus bases están confirmadas en unas relaciones intertextuales. A través de este diálogo de textos, se produce todo conocimiento. De lo dicho se desprende que todo conocimiento toma la forma de un diálogo intertextual entre un "tú" semejante a un "yo" pero también distinto. En el transcurso de este diálogo los interlocutores discursivos permanecen afirmados.

La novela y la intertextualidad: relación

Al aplicar las teorías de Bakhtin a la novela, entramos en la esfera de la intertextualidad literaria. Dada la plasticidad que siempre ha caracterizado al género de la novela, llega ésta compuesta de una multiplicidad de textos. Esto hace posible que se hable de la novela como una escritura en la que participan una multiplicidad de textos, de variados estilos y géneros, pasados y presentes. Como tal, es profundamente pluralista ya que en ella se encuentra concentrada una variedad de materias heterogéneas. Cada texto en la novela se manifiesta a través de su propia voz. Cada voz, a su vez, entra en diálogo con otra voz. Julia Kristeva percibe la novela como un diálogo entre varias escrituras: la del escritor, la del receptor (o la del personaje) y la del contexto cultural, pasado o contemporáneo: tres dimensiones o coordenadas dialógicas vinculadas al sujeto escritural, al remitente y a los textos exteriores. Es a través de esta última coordenada que la palabra literaria se mantiene en constante diálogo con un cuerpo de libros antiguos.[25]

La relación dialógica entre textos contradictorios—provenientes de todos los géneros, con una multiplicidad de estilos y de tonalidades—produce una nueva palabra: la palabra ambivalente. Esta palabra se caracteriza por tener dos significados. Es a causa de la presencia de esta palabra que el lenguaje narrativo, fascinado con el doble, se despliega en contrastes, y se manifiesta en cambios y transiciones abruptas. Asimismo, es a través del diálogo con los textos del pasado, y de la consecuente penetración de la palabra literaria en la historia y la historia en la palabra literaria, que la palabra literaria va demostrando su aspecto ambivalente. Jaime Alazraki, al explicar el concepto de intertextualidad en la obra de Borges, señala, por ejemplo, que los textos que participan en la narrativa del escritor argentino funcionan como un "espejo que invierte o revierte historias ya contadas, imágenes ya advertidas" y que sus narraciones son "versiones de un texto anterior que el relato invierte o revierte desde sus significados literarios."[26] Por otro lado, Julia Kristeva señala que la ambivalencia en la palabra contribuye a que la estructura del autor emerja como un anonimato que crea y que es creado como un yo y como un otro, como hombre y como máscara. Destruye, por consiguiente, la palabra ambivalente al dios/autor al mismo tiempo que trata de imponer sus propias leyes dialógicas.[27]

De una concepción poética del discurso como diálogo y ambivalencia, Bakhtin pasa a hacer una re-evaluación de la estructura de la novela. Esta investigación la hace formulando una clasificación de palabras contenidas en una narración: clasificación vinculada a una tipología del discurso. Dentro del contexto teórico del dialogismo que hemos estado considerando, Bakhtin señala el predominio de dos tipos de discursos, el monológico y el dialógico: discursos que determinan la narración a la que pertenecen.

El primer tipo de discurso es aquél basado en la presencia de la palabra monológica. Por tal se entiende aquella palabra que tiene un significado solamente, expresándose, por consiguiente, a través de una sola voz. Como resultado de esta condición, esta palabra parece que quiere dar la impresión de tener una relación privilegiada, única y directa, con el mundo "real." El lenguaje de la novela de tesis y de la novela rosa contiene ejemplos concretos de la palabra monológica. Por discurso monológico se entiende, asimismo, un modo narrativo y descriptivo basado únicamente en la representación. Ejemplos de este tipo de discurso los encuentra Bakhtin en la épica, en el discurso científico y en el histórico. Kristeva señala que en estos tres discursos citados el sujeto asume y se somete a un código basado sólo en uno: dios. El discurso monológico está marcado, por lo tanto, por una actitud de impedimento, de prohibición, de censura. Como tal, se niega a volverse hacia sí mismo, rechazando toda posibilidad dialógica consigo mismo y con el otro.[28] La narrativa de Tolstoy, para Bakhtin, cae dentro de la categoría de lo monológico debido a que en su universo ficcional no acompaña a la voz del autor una segunda voz. Esto significa por un lado, la falta de una problemática que incluya una combinación de voces y, por el otro, la falta de un estatus especial que podría alcanzar el punto de vista del autor.[29]

Para el crítico ruso, dos propósitos fundamentales sobresalen en la producción de la mayoría de las obras monológicas, el moralizante y el didáctico. Con el deseo de instruir, no vacila la voz predominante del texto (expresada a través de un narrador, el cual, en la mayoría de los casos, no es otro que el autor mismo) en intervenir directamente en la narración para brindarle al lector sugerencias o apuntes que lo orienten a adoptar aquellas conclusiones que ella—la única voz del texto—sugiere.

El discurso dialógico, basado en el carnaval antiguo, incorpora aquellos elementos antitéticos a toda lógica (la lógica de la distancia, la de la relatividad, la de la analogía, la de la no-exclusividad y la del "transfinito"). En oposición a los elementos del discurso monológico, estos elementos antitéticos del dialógico no se rigen ni están establecidos por leyes ni por jerarquías de ningún tipo. El discurso dialógico transgrede la lingüística, la lógica de la identidad y los códigos sociales, y lo hace, precisamente, porque trata de aceptar otras leyes. Mientras que el monológico tiende a la representación y a la épica, éste rechaza toda aproximación a la representación. La presencia de la novela dialógica implica, por consiguiente, una ruptura brusca de la norma y una relación de discursos opuestos y no exclusivos.

La postura de Roland Barthes apoya aquello ya expresado por Bakhtin sobre la novela dialógica: un texto no es una hilera de palabras formadas una tras otra, transmitiendo un solo significado: el mensaje del dios/autor. Para Barthes, el texto es un espacio multi-dimensional en donde una variedad de escrituras, ninguna de ellas originales, se combinan y se confrontan, en otras palabras, dialogan entre sí: "el texto es un tejido de citas obtenido de un número infinito de centros culturales."[30] En S/Z,[31] Barthes describe el acto de la lectura como un proceso de elementos relacionados del texto a cinco códigos. Cada uno de estos códigos es una serie de modelos estereotipados y, "a perspective of citations . . . the wake of what has already been read, seen, done, lived" (pp. 27-28). Toda escritura es, por consiguiente, una lectura de textos del pasado. En la estructura de la novela, una escritura lee a otra escritura, se lee a sí misma y se construye a sí misma a través de un proceso de génesis destructiva.

10 Modelos dialógicos

Carnaval, menipea, novela polifónica

En la novela dialógica participan también los discursos carnavalesco y menipeo. Siguiendo la noción del carnaval en el cual se confrontan dos entidades antitéticas, lo grotesco de la existencia y el orden o la razón, en el discurso carnavalesco se encuentran dos textos, los cuales, a través de este encuentro dialógico, se contradicen y se relativizan. Este discurso existe, entonces, sólo y a través de la relación dialógica con otro discurso. Para lograr esta relación, destruye al dios del discurso monológico. Al sujeto lo convierte en la nada al mismo tiempo que va estableciendo sus propias leyes dialógicas. El discurso carnavalesco se presenta, entonces, como un desafío a todo concepto de autoridad, sea éste dios, autor o las leyes sociales, y las reemplaza con sus propias leyes dialógicas. El discurso carnavalesco está compuesto de distancias, de relaciones, de analogías y de oposiciones no-excluyentes.

Las imágenes carnavalescas se manifiestan en pares que se reflejan, que se contradicen. Una representa el lado trágico mientras que la otra el cómico, una lo alto, mientras que la otra lo bajo. Unidas, estas imágenes crean un todo ambivalente. La base de este discurso es la dramatización: la permutación dramática de las palabras. Trata de rechazar toda función de representación aunque es incapaz de separarse totalmente de ella. Participa de la representación al mismo tiempo que es anti-representativa.

El discurso menipeo pertenece también al orden de la tradición carnavalesca.[32] Su palabra tiende a lo escandaloso y a lo excéntrico. Contiene elementos de lo fantástico y no es nada raro encontrar en él figuras del lenguaje vinculadas a estados patológicos del espíritu como son la locura, la esquizofrenia, los sueños y los ensueños. Está también este discurso basado en contrastes. Utiliza cambios y transiciones abruptas. Como todo discurso dialógico, está formado por lo doble, y por la lógica de la oposición. Es un género inclusivo, formulado como un "collage" de citas. Su significado estructural denota la distancia entre el texto del escritor y los otros textos. Su estructura es, asimismo, ambivalente, con cierta promesa de realismo, pero al mismo tiempo rechaza toda definición de un universo concreto.

El principio estructural que define el sistema de la intertextualidad es aquél conocido ante la crítica con el nombre de polifonía de voces. Por polifonía—término prestado de la música—se entiende la combinación armónica de voces discursivas creada a través del proceso de interacción o de la acción verbal recíproca en la cual participan igualmente todos los discursos sin jerarquías que los diferencien. Nelly Martínez indica que el diálogo se convierte en polifonía cuando éste se entiende, "no como un mero despliegue de los múltiples discursos o voces que estructuran la novela sino

Introducción 11

...como dinámica de interacción significativa entre los discursos. En suma, como intertextualidad."[33] Anatoly Lunacharsky señala que para Bakhtin es la pluralidad de voces la que sirve como base de la novela polifónica: "a multiplicity of independent and unblended voices and minds, a genuine polyphony, in which each 'voice' bears a part complete in itself."[34]

La esencia de la novela polifónica radica, no obstante, no sólo en el hecho que los múltiples discursos se manifiestan en sus propias voces sino que todas estas voces permanecen independientes al mismo tiempo que se mezclan, que dialogan entre ellas, creando de esta manera un círculo unitivo. En otras palabras: las voces múltiples, conscientes e independientes y portadoras de su propia visión del mundo, se combinan en una unidad al mismo tiempo que mantienen su propia individualidad.[35] De resultas, cada texto, a medida que se expresa mediante su propia voz, va contribuyendo y participando del todo armónico que es la característica principal del sistema polifónico.

Al igual que Lunacharsky, Bakhtin considera que el género de la novela polifónica surgió con Dostoevsky. En su obra, cada voz es válida en sí misma: la del autor, la del narrador, la del héroe protagonista, la de los otros personajes. La voz autorial baja de su lugar de encubrimiento en donde ha sido colocada por la crítica tradicional. Ella, junto con las de los personajes, se combinan en un espacio carente de órdenes o jerarquías.

La armonía que distingue el sistema polifónico no es, sin embargo, siempre consistente debido a que la voz de cada discurso está siempre intentando dominar las otras voces. Este anhelo de adquirir una posición de superioridad confirma aún más el estado de confrontación en el que se encuentran. La pugna creada por el deseo de control entre las voces discursivas, de absoluta presencia—nunca lograda—responde en la narrativa a dos aspectos esenciales de la novela. Por un lado, se encuentra su dinamismo y, por el otro, su plasticidad. Sobre el carácter flexible, plástico, del género novelístico señala Bakhtin:

> The novel, after all, has no canon of its own. It is, by its very nature, not canonic. It is plasticity itself. It is a genre that is ever questing, ever examining itself and subjecting its established forms to review.[36]

El dinamismo y la plasticidad producen ese elemento de búsqueda y de cuestionamiento que caracteriza a la novela. Son estos aspectos los que hacen posible la continua renovación y transformación de la obra literaria. Son ellos, también, los que le brindan la flexibilidad que la distingue: flexibilidad que hace posible que el receptor pueda, y logre, engendrar una multiplicidad de interpretaciones. Todas estas interpretaciones son admisibles, todas son correctas.

La novela polifónica se distingue, entonces, por varios aspectos. En primer lugar, contiene una pluralidad de elementos discursivos, todos ellos en relaciones dialógicas. En segundo lugar, contiene aspectos de semejanza y de contigüidad: el primero a través de las convenciones de la verosimilitud y de la dependencia, las cuales contribuyen a dar una ilusión de "realidad." La contigüidad consiste en la analogía y la yuxtaposición que producen ciertos elementos de la retórica, basándose este tipo de discurso en la lógica de las relaciones y de la similitud. La pluralidad de sus elementos se manifiesta en una multiplicidad de voces. Cada voz representa distintas convenciones o como dice Kristeva, "points towards other forms of thought."[37] La estructura de la novela polifónica está basada en el deseo de asegurar el libre desarrollo de las voces independientes. La libertad con la que se expresan todas las voces y el sentido de auto-suficiencia de cada una de ellas es una característica esencial de la novela polifónica.

Uno de los aspectos que más lamenta Bakhtin es que con la llegada de la época moderna, y particularmente con el romanticismo, se haya perdido el lado expansivo, de júbilo, que caracterizaba el aspecto positivo del realismo grotesco. Con el romanticismo, el realismo carnavalesco adopta una posición de rechazo al separarse de su lado fortificante y renovador. Insiste, por el contrario, en dar especial énfasis a lo negativo de la vida del hombre: "The new concept seeks to complete each individual outside the link with the ultimate whole—the whole that has lost the old image and has as yet not found the new one."[38] Señala Bakhtin que la obliteración del aspecto positivo del carnaval es responsable de que los personajes de la literatura romántica provengan, en su gran mayoría, de profesiones "serias" como eran las de derecho, medicina y comercio. Las imágenes que prevalecen desde entonces son, más que nada, aquéllas vinculadas a la vejez. Estas imágenes han ido perdiendo el aspecto de movilidad, de fluidez, que las distinguía en los siglos anteriores. Lo que las caracteriza ahora es su aspecto congelado, de inmovilidad. En lugar de un mundo compuesto de elementos antitéticos como era aquél representado en el realismo grotesco del carnaval antiguo, nos encontramos, a finales del siglo dieciocho—y principios del diecinueve—con un mundo ensimismado en preocupaciones de tipo moral y en abstracciones de toda índole. El resultado de este fenómeno es que la imagen carnavalesca de la obra romántica sea la de una figura grotesca, rota, alienada.

Con la llegada del romanticismo desaparece, para el crítico ruso, el concepto fluido del tiempo que caracterizaba al carnaval antiguo, aspecto que se manifiesta con las imágenes que empiezan a surgir con la literatura romántica:

> images of a static grotesque entirely removed from the main flux of time and from the flux of becoming. This is a form either frozen in its duality or

Introducción

split in two. Certain scholars ... are inclined to define this genre as the first step of realism. In reality these are but the lifeless and at times meaningless fragments of the mighty and deep stream of grotesque realism.[39]

El realismo grotesco se convierte también, con el movimiento romántico, en la expresión de una visión del mundo subjetiva e individualista. Esta visión difiere radicalmente de la original, la cual se encontraba directamente vinculada a la cultura popular y colectiva. El carácter individualista e individualizador de los románticos le dan al realismo grotesco un carácter privado, de cámara:

> It became, as it were, an individual carnival, marked by a vivid sense of isolation. The carnival spirit was transposed into a subjective, idealistic philosophy. It ceased to be concrete (one might say bodily) experience of the one, inexhaustible being, as it was in the Middle Ages or the Renaissance.[40]

Las diferencias entre el realismo grotesco del carnaval antiguo y aquél adoptado por casi toda la literatura a partir del siglo diecisiete culmina con un nuevo aspecto de la risa. Tan prevalente y dominante en el primer período, en el segundo se convierte en un humor frío, cortante, mordaz: en otras palabras, en ironía y sarcasmo. La risa ha dejado de ser alegre y el poder regenerador positivo de este gesto ha quedado reducido a un mínimo. Esta nueva noción de la risa tendrá consecuencias dramáticas para la literatura moderna. Una de ellas es la presencia del terror y del espanto. El mundo literario, a partir del romanticismo, es hasta cierto punto un mundo aterrorizador, y, por lo tanto, alienador del hombre. Todo aquello que en épocas pasadas era visto como lo usual, lo común, lo que suele suceder todos los días, y reconocido por todos como tal, se caracteriza ahora por su hostilidad, por un lado, y por su falta de significado, por el otro. En la Edad Media y en el Renacimiento el elemento de terror era un aspecto familiar en la cultura popular, representado por monstruos cómicos. El terror se caracterizaba, por lo tanto, por ser el receptor y el productor de la risa. Era alegre y cómico, y su función era la de aproximar al hombre a este mundo, trayéndolo más cerca.

Finalmente, el último aspecto que diferencia el realismo grotesco antiguo de aquél presente en la literatura moderna es la presencia de la locura. En la concepción moderna del mundo, la demencia es una parte esencial de todas las formas de lo grotesco, debido, entre otras cosas, a que la locura hace que el hombre perciba el mundo de una manera diferente, fuera del marco de "lo normal." En la antigüedad, la locura era vista como una parodia alegre de la razón oficial, separada de la seriedad intolerante de la "verdad" oficial.[41] En otras palabras, la locura en este primer momento era un evento festivo. Con el romanticismo ocurre lo opuesto. La locura adquiere el aspecto trágico, sombrío, lúgubre, que la distingue. Representa ésta una faceta más del aislamiento y de la enajenación del hombre frente a una sociedad que lo separa y que lo margina.

La escritura de Galdós vis-a-vis el dialogismo

A pesar del tono negativo con el que el crítico ruso se aproxima a casi toda la literatura a partir del movimiento romántico, acepta, no obstante, una cierta influencia del realismo grotesco en algunos de los escritores europeos del siglo diecinueve mencionados en el prólogo, aunque excluye de esta lista a todos los escritores españoles de la misma época. El autor de *The Dialogic Imagination* no ignora, no obstante, otros períodos de la literatura peninsular. En su estudio sobre Rabelais señala ejemplos del realismo grotesco en obras como el *Libro de Buen Amor* y *Don Quijote*. Sobre el segundo escribe, "It is in [the] tradition of grotesque realism that we find the source of the scenes in which don Quixote degrades chivalry and ceremonial."[42] Más adelante, incorpora también a Sancho en su análisis de la obra cervantina:

> Sancho's fat belly (*panza*), his appetite and thirst still convey a powerful carnivalesque spirit. His love of abundance and wealth have not, as yet, a basically private, egotistic and alienating character... Sancho's materialism, his potbelly, appetite, his abundant defecation, are on the absolute lower level of grotesque realism of the gay bodily grave (belly, bowels, earth) which has been dug for don Quixote's abstract and deadened idealism. One could say that the knight of the sad countenance must die in order to be reborn a better and greater man.[43]

Lo más probable, entonces, es que su silencio en cuanto a toda la literatura española que viene antes y después de la obra de Cervantes se deba más a una falta de familiaridad con ésta que a su rechazo. Un análisis del lenguaje contenido en la narrativa de Benito Pérez Galdós manifiesta no solamente su carácter intertextual, sino también la dualidad contenida en su palabra como resultado del elemento carnavalesco contenido en la misma: elemento que le brinda el aspecto ambivalente que domina su narrativa y que, como resultado, distingue toda su obra.

La postura tradicional de la crítica ha sido, hasta hace poco, la de otorgarle a los discursos de la narrativa galdosiana una concepción monológica. Esta postura se refleja en la orientación mimética que muchos han querido brindarle a sus obras hasta los tiempos recientes. En los últimos años, no obstante, han empezado a surgir estudios en los cuales se manifiesta un deseo de revalorizar la narrativa galdosiana y de desencajonarla de las limitaciones en la que ha estado sumergida por mucho tiempo. Específicamente me refiero a los estudios de Peter Bly, de Ricardo Gullón, de Germán Gullón, de Peter B. Goldman, de John Kronik, de Harriet Turner y de Diane F. Urey, entre otros.[44] En uno de los libros críticos más leídos sobre la obra de Galdós, Walter Pattison[45] se refiere con frecuencia al novelista como "the realist," título que yuxtapone a "the negative force of the uncontrolled imagination."[46] Más adelante Pattison señala que en la época en que escribe *Lo prohibido*, "Galdós has not ceased being a realist—in fact, in *The Unknown* he contrasts reality with imagination, pointing out that the tremendous variety of real creatures and human types surpasses the wildest dreams of the imagination."[47] Dentro de este marco teórico, al realismo de Galdós se le concibe como un concepto relacional, una conexión entre dos entidades basada en lo imitable y la imitación.

El acto de colocar la narrativa galdosiana en el contexto de lo que ha sido considerado hasta hace poco como "reflejo" al mismo tiempo que se le ha alejado de todo aquello considerado como la "imaginación," es responsable de que el discurso que domina la narrativa galdosiana haya sido concebido en el contexto de la palabra monológica, por excelencia. Como tal, su función ha sido relegada primordialmente a la posición de servir de espejo a una realidad externa al texto. Esta visión del discurso realista hace que M. de Riquer y J. Ma. Valverde señalen, por ejemplo, que con la llegada de la Generación del Noventayocho se haya rechazado la "línea de novelística realista y argumental" de escritores como Pardo Bazán, Clarín y Galdós. Sólo con la marginalización de estos últimos se hace posible el cultivo de una nueva prosa a finales del siglo diecinueve y principios del veinte: prosa "que parece nacer de la poesía."[48]

Algunos críticos han dirigido violentos ataques ante este concepto tradicional del realismo, al mismo tiempo que han reclamado su revalorización. Roland Barthes escribe, por ejemplo, que

> writing of Realism can never be convincing; it is condemned to mere representation by virtue of this dualistic dogma which ordains that there shall only ever be one optimum form to "express" a reality as inert as an object, on which the writer can have no power except through his art of arranging the signs.[49]

Pierre Mackerey señala que el elemento de lo "real," tal como se le formula en un discurso literario, siempre es arbitrario precisamente porque depende completamente del desdoblamiento del discurso mismo.[50] S. Bacarisse, por otro lado, sugiere en su artículo "The Realism of Galdós: Some Reflections on Language and the Perception of Reality" que

> a redefinition of realism imposes itself which takes into account not so much the area of reality described as the handling of the material used to

re-create it. *Such a definition might read as follows: writing is realistic to the extent that the conceptual and logical properties of language are neutralized giving the illusion of perceptual acquaintance with content.* [Las letras en bastardilla son suyas.][51]

Susan Kirkpatrick, en un estudio sobre Fernán Caballero, resume los diferentes aspectos del discurso realista responsables de brindarles a los lectores una ilusión de "realidad" a pesar de los elementos contradictorios y conflictivos contenidos en éste. En primer lugar, se encuentra la heterogeneidad de sus materiales literarios o culturales. Esta amalgama de elementos se encuentra contenida dentro de una estructura que connota unidad, cohesividad. Asimismo, el proceso a través del cual el realismo integra materiales dispares incluye "the predominance of linear narrative sequences" así como también "the subtle rhetoric of the omniscient narrative voice."[52] Según Kirkpatrick, el método que utilizaron los realistas decimonónicos para unir elementos antitéticos fue el de las referencias directas a la historia ya que para los lectores de obras realistas la prueba final de veracidad era la correspondencia a una idea coherente de la historia. Por último, el aspecto de verosimilitud se obtenía a través de la manipulación del discurso ficcional de tal manera que las estructuras compuestas de la narración no sólo pudieran ser reconocidas como una imagen del tiempo histórico sino también que simultáneamente representaran aspectos de la experiencia personal de los lectores. Vale recordar, no obstante, que fue Northrop Frye uno de los primeros críticos en percibir la complejidad del lenguaje realista. En 1957 Frye señala los elementos contradictorios y conflictivos que definen e identifican el realismo literario. Este fenómeno lo compara a aquél que existe en el campo de las ciencias, sobretodo en el de las matemáticas:

> Both literature and math proceed from postulates, not facts; both can be applied to external reality and yet exist also in a "pure" or self-contained form. Both, furthermore, drive a wedge between the antithesis of being and non-being that is so important to discursive thought.[53]

Al seguir estos conceptos y al ampliarlos, la crítica reciente ha visto el texto realista como un texto múltiple, plural. Kirkpatrick señala que el significado del texto realista se produce a través de la construcción de una serie de contrarreformas entre sistemas de significación elaboradas de antemano.[54] En otro de sus libros, Barthes menciona que son las diferentes maniobras operadas por los múltiples códigos que componen el texto las que contribuyen a que se encuentre presente la ilusión de "naturalidad" del texto realista:

> the naturalness of the portrait arises from the fact that in their superimposition the multiple codes undergo a shift: their units are no longer in

the same place, do not have the same size, and this disparity, built upon unevenly, produces what we shall call the "shifting" of the discourse—its *naturalness*: when two codes function simultaneously but according to unequal wavelengths, they produce an image of movement, an image of life.[55]

Para Barthes, la expresión del modo realista de representación se manifiesta en la combinación de dos tipos de signos: los signos formales de la literatura y los formales del realismo. Entre los primeros participan el pretérito, el habla indirecta y el ritmo del lenguaje escrito. Entre los signos del segundo se encuentran secciones breves del habla popular, un lenguaje fuerte y palabras dialécticas. Según Barthes, estos signos participan de la convención de lo real.[56]

Al aplicar los nuevos criterios críticos del texto realista a la obra de Benito Pérez Galdós, se puede concluir que lo que determina la formulación de su nueva narrativa es, por un lado, la presencia de las voces que derivan de todos los textos presentes en la escritura de cada una de sus novelas y, por el otro, el tejido que se crea como resultado del diálogo entre ellos. El discurso galdosiano es, por consiguiente, el producto de la transformación perpetua de todas las voces lograda a través del diálogo textual. De esto se desprende que la función que todas estas voces desempeñan en este discurso no es la de servir de reflejo a una realidad específica sino la de participar en la conversación textual, pero cada una de ellas partiendo desde su propio punto de vista. De resultas, se crea una nueva palabra y, en última instancia, el nuevo discurso literario que caracterizará desde sus principios a la narrativa de Benito Pérez Galdós.

Hay que tener en cuenta que la presencia de todos los textos que componen la estructura polifónica de la narrativa de Galdós no significa, de ninguna manera, una falta de articulación en sus obras. Al contrario, lo que distingue la escritura galdosiana es precisamente lo opuesto. Estos textos, únicos y simultáneos, que se repiten a menudo, que se plagian, sirven de base a todo su sistema narrativo. Este apoyo es sólo posible por la fuerza creada con la asociación y la unión de todos los textos presentes.

El nuevo discurso galdosiano no representa, sin embargo, el rechazo de los lenguajes originales, responsables de su formulación, pero sí la transgresión de los mismos. Transgrede la nueva palabra los lenguajes modelos, aquéllos derivados de la tradición. La violación de los modelos anteriores por esta nueva palabra es lo que produce a su vez el carácter paródico que tipifica la narrativa del autor de *Tormento*.

Los textos antiguos incorporados en la narrativa galdosiana no están presentes, por lo tanto, ni como entidades caducas ni como entidades muertas. Son éstos elementos vivos, en un constante estado de desarrollo y de renovación. La incesante regeneración de estos textos arcaicos es el resultado de la perenne confrontación dialógica en que se mantienen con los otros textos. Como consecuencia de esta actividad renovadora, la escritura de Galdós vive en el presente pero recordando siempre sus orígenes, su pasado.

En definitiva, Benito Pérez Galdós pertenece a la tradición de la novela dialógica y a la de la verdadera novela polifónica. Al igual que Dostoevsky, su narrativa consiste en la integración de un gran número de voces discursivas: una voz en íntima conexión con otra voz. Multiplicadas en un proceso de integración dinámica de una voz, dentro de una voz dentro de otra voz, los discursos de la novela polifónica galdosiana articulan una polifonía, un registro de voces en perenne estado de confrontación.

Antes de concluir este capítulo, valdría la pena preguntarse qué es lo que hace posible la presencia de la intertextualidad como uno de los elementos de la narrativa galdosiana. Para responder a dicha pregunta remontémonos, brevemente, a los trabajos del antropólogo Arnold vanGennep y de los críticos literarios Jury Tynianov y Carmen Luisa Fierro M. En su libro *The Rites of Passage*,[57] vanGennep analiza las diferentes etapas que marcan la transición de un momento a otro del año y las diferentes prácticas sociales o "hablaciones" rituales de ciertas sociedades primitivas. Para vanGennep, la transposición de un sistema a otro no es arbitraria en la medida en que todo proceso de evolución depende enteramente de la existencia de ciertas condiciones y no de un solo elemento. La función de este proceso es regenerativa como consecuencia de que la energía que se encuentra presente dentro de todo sistema se va consumiendo gradualmente. De resultas de esta desgastación se produce, periódicamente, una regeneración de la energía perdida. El proceso regenerativo para vanGennep, llega marcado por tres etapas consecutivas, la separación, la transmisión y la incorporación.

Un criterio semejante se encuentra en los estudios literarios efectuados por el crítico Jury Tynianov.[58] Según Tynianov, la historia literaria participa de un sistema parecido a cualquier otro sistema:

> L'étude de l'évolution littéraire n'est possible que si nous la considérons comme une série, un système mis en corrélation avec d'autres séries ou systèmes et conditionné par eux.[59]

Tynianov no desdeña el impacto que los factores sociales tienen en este sistema:

> L'étude de l'*évolution* littéraire ne rejette pas la signification dominante des principaux facteurs sociaux, au contraire, ce n'est que dans ce cadre que la signification peut être éclaircie dans sa totalité; l'établissement direct d'une influence des principaux facteurs sociaux substitue l'étude de la

Introducción 19

modification des œuvres littéraires et de leur *déformation* à l'étude de l'*évolution* littéraire.[60]

Al igual que vanGennep, Tynianov señala la existencia de ciertas leyes responsables de que periódicamente se produzcan procesos regenerativos que afectan el sistema literario. Estas leyes abarcan tres momentos específicos, el de transición, el de incorporación y el de asimilación. Los cambios en la relación entre los términos del sistema determinan un cambio de las funciones de los textos. Terry Eagleton se refiere al sistema que analiza Tynianov al mismo tiempo que señala que la dinámica de este proceso produce lo que él, Eagleton, califica de *desfamiliarización*: fenómeno responsable de las transformaciones que dan cabida a nuevas formas literarias:

> if a dominant literary form had grown stale and "imperceptible"—if, for example, some of its devices had been taken over by a sub-genre such as popular journalism, thus blurring its difference from such writings—a previously subordinate form would emerge to "defamiliarize" this situation. Historical change was a matter of the gradual realignment of fixed elements within the system: nothing ever disappeared, it merely changed shape by altering its relations to other elements.[61]

Por ejemplo, el proceso involucrado en el injerto del discurso folletinesco en la obra de Galdós podría tal vez deducirse siguiendo las tesis del "pasaje de ritos" de vanGennep y de Tynianov. El paso inicial, el de la separación, estaría marcado por la producción de obras del género folletinesco en una relación aparte o distinta de otros géneros.[62] La transmisión estaría marcada por el conjunto de mecanismos intertextuales que comunican el movimiento del texto de folletín al realista, alternando generalmente el sentido o la forma de ambos. El tercer paso, el de la incorporación, es el de la unión definitiva de ambos textos en la narrativa galdosiana, haciendo posible la relación dialógica que distingue la estructura de toda la narrativa de Benito Pérez Galdós.

Carmen Luisa Fierro M., crítico de Chile, se refiere también a un sistema literario que facilita el proceso intertextual aunque esta vez a través de lo que ella considera la destrucción de los mitos anteriores y su reconstrucción en el proceso de creación de la narrativa realista: "la gran novela realista del siglo XIX, recoge los mitos del pasado para destruirlos, pero con los mismos signos construye la novela."[63] Fierro M. menciona que es en la novela de Pérez Galdós, *Fortunata y Jacinta*, donde verdaderamente se logra este fenómeno de "desconstrucción":

> Esta novela se construye con fuerzas de significado nacidas de mitos que se han convertido en convención literaria romántica y folletinesca . . . esta

construcción se efectúa por desconstrucción, es decir, hay una relación intertextual del realismo con la literatura romántica y también con la folletinesca.[64]

Aunque varían ligeramente las ideas de vanGennep, de Tynianov y de Fierro M., los criterios de los tres teóricos podrían aplicarse a la nueva narrativa galdosiana para ayudarnos a tratar de comprender el complejo proceso de transición y de asimilación textual. Considérese, por ejemplo, el caso que presenta Fierro M.: el injerto del texto folletinesco y del romántico en el realista. En el período anterior a la época del novelista, la literatura de folletín ya había alcanzado una posición impresionante en el volumen de su producción. Estudios que se han hecho del género popular señalan que los comienzos de estas obras empezaron por los años 1840. Entre los '50 y los '60 esta literatura alcanza tal grado de producción que algunos críticos, Montesinos entre ellos, lamentan que este tipo de obra hubiera llegado a dominar el mercado del libro. Por otro lado, no es sorprendente, siguiendo con las teorías recién mencionadas, que la nueva narrativa galdosiana haya incorporado el texto folletinesco en el preciso momento en el que éste empieza ya a pasar su época de apogeo aunque no su total desaparición como se comprueba con la presencia inevitable de la novelita rosa en los quioscos callejeros de revistas y periódicos de hoy en día.

2
Tormento

TORMENTO, NOVELA CONTEMPORANEA de Benito Pérez Galdós, escrita en 1884,[1] tiene una estructura intertextual donde conviven una variedad de textos. Los códigos lingüísticos e ideológicos de estos textos se confrontan en la novela creando, a través del diálogo de voces, un conflicto, un combate responsable, por un lado, de que los códigos se vayan afectando mutuamente, y, por el otro, de que vayan dejando de lado las funciones originales que cada texto ha traído consigo a la novela galdosiana.[2] El propósito de este capítulo es el de analizar el proceso por el cual dos de los textos presentes, el folletinista y el realista, entablan un diálogo de dos voces creando, como resultado, una nueva función de la novela galdosiana.[3]

Habría que mencionar, asimismo, que la postura de este análisis de *Tormento* va en contra de la crítica tradicional en cuanto a la relación folletín/realismo. Ricardo Gullón, en su libro *Galdós, novelista moderno*,[4] ve el texto folletinesco como una antítesis del realista. Al comparar, por ejemplo, el estilo de ambos, menciona que

> si llamamos estilo al adorno, a la afectación, a la innecesaria figura retórica, todo eso es falso, porque gratuito, innecesario, postizo. Es falso y, además, no añade nada a la construcción novelesca.[5]

Más adelante, refiriéndose al comentario del narrador en el momento en el que la protagonista contempla suicidarse ("todo cuanto se le ocurría resultaba pálido, insulso y afectado, como si hablara por ella un personaje de las novelas de don José Ido" [p. 1497]), escribe Gullón:

> Palidez e insulsez quiere decir aquí falta de colorido, lenguaje desvaído en el cual las palabras, lejos de sonar con relevancia, se pierden y esfuman en una masa indistinta, porque no son las palabras *únicas* del personaje, sino las triviales y anodinas del lenguaje novelesco corriente.[6]

Tormento nace de la confrontación de varios textos. Entre éstos se encuentran el texto de Larra: la crítica social; el de Quevedo: la sátira acerba; el folletín: el sentimiento y la "imaginación"; el costumbrismo y el periodismo. Son las voces del texto folletinesco, sin embargo, las que amalgamándose y repitiéndose dentro del texto central, se cotejan directamente con las voces del texto realista de la novela. El injerto del folletín hace posible un nuevo texto donde no existe un elemento jerarquizante o centralizador. Lo que sí existe es una red de asociaciones del lenguaje, de voces textuales, yuxtapuestas una al lado de la otra.

El estudio de *Tormento* en su estructura intertextual nos impulsa a socavar el estatus de privilegio en el que se ha mantenido hasta hace poco al texto realista. Como ya se ha mencionado en el primer capítulo de este libro, la crítica galdosiana, al reducir el lenguaje realista a una visión monológica, no ha querido admitir fácilmente la existencia de una multiplicidad de voces y de significados que componen novelas como *Tormento*, especialmente si una de estas voces proviene de la novela de folletín. Encumbrada la crítica en una postura elitista, se ha negado a aceptar el hecho de que novelas al estilo de *Tormento* estén basadas en un sistema sincrónico, compuesto de una variedad de signos diferenciadores entre los que predominan especialmente dos: el texto folletinesco y el texto realista. Michael Nimetz, en su libro *Humor in Galdós*,[7] postula la opinión general de la crítica sobre la presencia de la novela de folletín en *Tormento*, cuando escribe, "Galdós championed the realistic novel against the novela por entregas and set out to ridicule the latter in *Tormento*."[8]

Nimetz tiene razón, sin embargo, cuando apunta al principio de su obra que el mismo Galdós despreciaba la obra de folletín por el efecto dañino que ésta ejercía en el lector.[9] La protagonista de *La desheredada*, Isidora Rufete, emblemiza las consecuencias nefastas de la lectura de novelas de folletín en un público inocente e incauto. Sus ilusiones de ser la hija ilegítima de una mujer noble derivan de los temas propagados en los textos folletinescos:

> —No es caso nuevo ni mucho menos—decía—. Los libros están llenos de casos semejantes. ¡Yo he leído mi propia historia tantas veces...! ¿Y qué cosa hay más linda que cuando nos pintan una joven pobrecita, muy pobrecita, que vive en una buhardilla y trabaja para mantenerse; y esa joven, que es bonita como los ángeles y, por supuesto, honrada, más honrada que los ángeles, llora mucho y padece porque unos pícaros la quieren infamar; y luego, en cierto día, se para una gran carretela en la puerta y sube una señora marquesa muy guapa, y ve a la joven, y hablan, y se explican, y lloran mucho las dos, viniendo a resultar que la muchacha es hija de la marquesa, que la tuvo de un cierto conde calavera? Por lo cual, de repente cambia de posición la niña, y habita palacios, y se casa con un joven que ya, en los tiempos de su pobreza, la pretendía y ella le amaba.[10]

En otro momento Isidora se vuelve a referir al texto de folletín para apoyar sus sueños de grandeza:

> [S]e le representaron en la imaginación figuras y tipos interesantísimos que en novelas había leído. ¿Qué cosa más bonita, más ideal, que aquella joven, olvidada hija de unos duques, que en su pobreza fué modista de fino, hasta que, reconocida por sus padres, pasó de la humildad de la buhardilla al esplendor de un palacio y se casó con el joven Alfredo, Eduardo, Arturo o cosa tal? Bien se acordaba también de otra que había pasado algunos años haciendo flores, y de otra cuyos finos dedos labraban deslumbradores encajes. (p. 1082)

La segunda razón por la cual Galdós parece rechazar abiertamente el texto por entregas se debe a la influencia negativa que éste ejerce en el desarrollo del arte. En *Marianela*, por ejemplo, declara la superioridad del mundo de la "realidad" sobre el de la "imaginación" y el deber de abandonar éste para entrar en aquél. En *Un viaje redondo*,[11] rechaza la novela por entregas por "lo falso" y en el ya conocido ensayo "Observaciones sobre la novela contemporánea"[12] considera el escritor que la novela por entregas es, en la práctica, una simple "novela de impresiones y de movimiento." Pide, por lo tanto, su rechazo. En su lugar, demanda que tanto el público como el escritor observen cuidadosamente la realidad de la vida contemporánea española ya que sólo ésta les ofrece a ambos, y especialmente al escritor, amplias oportunidades creativas. Es esta actitud del escritor la que ha prevalecido en mucho de la crítica galdosiana.

La estructura de *Tormento* apoya el aspecto dialogal que define la novela. Empieza y termina con conversaciones dramatizadas exponiendo sus bases dialógicas: "lo real" frente a la "imaginación," el texto realista frente al del folletín. La relación dialógica entre el texto folletinesco y el realista se caracteriza por la parodia de un texto por el otro. Para que la parodia cumpla su función paródica, el texto realista adopta las formas del texto por entregas y viceversa. Entre las formas adoptadas por el primero, se encuentra la mezcla de géneros que compone el texto narrativo de la novela por entregas: el discurso teatral (principio y final de *Tormento*); el discurso epistolar: las cartas de Agustín Caballero dándole a su amigo señas de su futura esposa y la carta de Amparo a Agustín mencionando su frustrado suicidio. Los finales de cada capítulo terminan en una nota de intriga o de suspenso. Los nombres de los personajes son una parodia de los personajes del folletín. Amparo y Refugio, protagonistas de *Tormento*, simbolizan la parodia del espíritu de pureza que caracteriza a las protagonistas folletinescas. Ido del Sagrario, escritor de novelas de folletín, es la parodia de todos los escritores folletinistas, simbolizados en su nombre, Ido: tonto, loco.

La plática comienza entre el texto de Ido del Sagrario, expuesta al principio de la obra, y el texto realista. Le dice Ido a Felipe Centeno, "La realidad nos persigue. Yo escribo maravillas; la realidad me las plagia" (p. 1465) y "la realidad, si bien imita alguna vez a los que sabemos más que ella, inventa también cosas que no nos atrevemos ni a soñar los que tenemos tres cabezas en una" (p. 1465). A finales de la novela encontramos a Ido hablando del mismo tema con Centeno. Dice Centeno, "Usted cree que las cosas han de pasar según usted se las imagina… No sea memo… Todo sucede al revés de lo que se piensa…," a lo que contesta Ido, "(Vanidosamente) Lo que es a mí, chico, la realidad me da siempre la razón" (p. 1575). Para Walter T. Pattison la presencia del texto romántico en esta obra responde a un objetivo específico para el autor: el de ridiculizar el texto de Ido. Escribe Pattison:

> But the realistic literature which the idealist Ido del Sagrario deems unworthy of literature is precisely what Galdós is going to tell us. Satire of romantic idealism dominates the final chapters of *Tormento*, where the author points out that in real life the rigors of virtue yield to seductive temptation and that an attempt to impose the patterns of idealistic literature results in ridiculous artificiality.[13]

La ambivalencia lograda con el diálogo intertextual se manifiesta en los personajes del texto central transplantados casi todos del texto folletinesco de Ido del Sagrario al principio de la novela. Recuérdese que en la introducción de la novela, los personajes de Ido son dos niñas, un marqués, una duquesa y un banquero. Estos mismos personajes han sido diseminados en el texto realista, perdiendo en la transferencia la condición de anonimato adquirida en la novela de Ido. Las niñas son Amparo y Refugio; el marqués es el sacerdote, don Pedro Polo; la duquesa no es otra que Rosalía Pipaón Calderón de la Barca; y el rico e ingenuo Agustín Caballero resulta ser el banquero.

Es especialmente en el aspecto ideológico donde el intercambio dialógico alcanza en el texto galdosiano su máxima realización. Las niñas de Ido son bonitas, pobres—"muy pobres," remarca Ido—y honradas. En el texto realista son bonitas y muy pobres, pero no son "honradas." Los nombres de las protagonistas en la novela realista apoyan el significado moral ambivalente que rodea a ambos personajes. Amparo es el prototipo de la mujer débil que busca constantemente en otros amparo y apoyo para su propia vida. Refugio, consciente de la imposibilidad de una caridad social genuina o de un trabajo honrado que pudiera satisfacer las necesidades básicas de dos hermanas pobres y huérfanas, se refugia en el comercio de su cuerpo como una salida a lo precario de su situación. El marqués que busca comprar la castidad de las dos niñas es, en *Tormento*, un sacerdote. Polo, personaje torturado por su propia voracidad sensual, satisface sus exigencias eróticas en relaciones, ilícitas, con la joven Amparo. La duquesa, "más mala que la liendre," resulta ser en el texto realista una vulgar mujer, de clase media, ansiosa de subir—por medio de la intriga—la tan anhelada, aunque imposible, escala social. Por último, el banquero resulta ser un indiano enriquecido en América en busca de una tranquilidad emocional y espiritual que jamás alcanza.

En el texto folletinesco de *Tormento* dialogan también los conceptos del tiempo y del espacio. En el texto de Ido predomina el tiempo presente. Las dos huérfanas felices "viven con más apuro que el último día de mes," son "honradas" y "sirven de ejemplo a las mozas del día" (p. 1464). Más adelante, cuando el marqués les envía una cantidad de billetes de banco, "se ponen furiosas" y "le escriben al marqués" (p. 1464).

Frente a esta dimensión única del tiempo en el texto folletinesco—el presente—se levanta ahora otra, la del texto realista, marcada también por una sola estructura unidimensional: la del pasado. Amparo y Polo viven atormentados por el recuerdo. Agustín Caballero no se ha movido del pasado; juzga y vive en el presente desde el eje del ayer. Las cualidades que Agustín le atribuye a Amparo cuando la ve en la casa de los Bringas, son las cualidades que él se había forjado en su propia mente concerniente a la mujer ideal, antes de conocer a la protagonista. Piensa, "Vi a una mujer que me pareció reunir todas las cualidades que durante mi anterior vida solitaria atribuía yo a la soñada, a la grande, hermosa, escogida, única, que brillaba dentro de mi alma por su ausencia y vivía dentro de mí con parte de mi vida" (p. 1487).

En la confrontación dialógica de ambos tiempos, el presente y el pasado, se va desenvolviendo un diálogo temporal, el cual va cuestionando los conceptos originales de cada uno. Aunque la dimensión temporal del texto realista, antepuesta al tiempo único folletinesco, parecería querer unir el presente con el pasado, es evidente que el concepto temporal que resulta del diálogo de ambos ha sido contraproducente en el sentido que lo que confrontamos en el texto es un concepto irónico del tiempo. Al negarle al tiempo su dimensión futura, se confronta el lector con un concepto temporal tan inauténtico como los dos primeros. Este elemento de inautenticidad se nota, por ejemplo, en el supuesto desarrollo de los personajes. Dentro de un concepto temporal marcado por sus tres dimensiones, presente, pasado y futuro, nos encontraríamos con personajes cuyo proceso vivencial debería seguir estrechamente las pautas establecidas por el proceso histórico.

El análisis de los personajes, sin embargo, nos demuestra que esto no ha ocurrido. El caso de Amparo lo ilustra claramente. El estudio de la protagonista nos demuestra a una muchacha marcada desde el principio de la novela por el mismo sentimentalismo que define a las heroínas románticas.

Anthony Percival menciona que "The tone of excess in the novelistic discourse [de *Tormento*] reflects back to the potentialities of the popular mode of melodrama and specifically to the Idoesque approach to Amparo's story."[14]

El sentimentalismo que define a Amparo y que define también el concepto que la humilde muchacha tiene de la vida—tiempo y espacio— impide que Amparo adquiera un estado de conciencia que la impulse a romper con la dualidad temporal que la domina. Alienada de la más remota posibilidad de que esto ocurra, nos encontramos con una protagonista que existe en el hoy, desesperada por borrar el ayer e ignorante de la existencia de aquel futuro que podría implicar una posible liberación. Al final de la novela, como amante de Agustín, y alejada de Madrid, la protagonista del texto realista continúa siendo lo que era bajo la tutela de los Bringas, un signo lingüístico lejano, distante, semejante al de las heroínas virtuosas del folletín.

El espacio de la novela de Ido, complementando el concepto del tiempo recientemente mencionado, se concentra en un solo lugar: un cuarto rodeado de cuatro paredes, con una "ventanita," un tejado y una puerta. Es en este local donde dos heroínas folletinescas trabajan, son felices y viven asediadas por los enemigos de la virtud femenina. El espacio del texto de folletín ha cambiado de aspecto en el texto realista. El cuarto único de las dos vírgenes se ha convertido en un ámbito más amplio aunque compuesto en su mayoría de espacios cerrados: la casa de la familia de Bringas, la alta vivienda de Amparo, el aposento de Polo, la flamante y hermosa mansión de Agustín, la iglesia y, por último, la calle. Según el escritor de obras folletinescas, es en este último local, la calle, donde él da rienda suelta a su "imaginación." El único espacio abierto del texto realista parece conducir a una "expansión creativa" que no se encuentra en ninguno de los espacios cerrados de la novela. Esta habilidad creativa de Ido es, sin embargo, vana e ilusoria, ya que sus ideas provienen, casi en su totalidad, de patrones folletinescos en voga en el siglo diecinueve.

El constante vaivén de las idas y venidas de los varios personajes crea, en el discurso realista, un tejido espacial. Este tejido espacial, combinado con el movimiento pendular del tiempo mencionado previamente—presente/pasado—se va convirtiendo en una maraña impenetrable cuya función es la de repetir, a través de la confrontación dialógica, la presencia circular del tiempo y del espacio cerrado del folletín. Dentro de esta maraña se encuentran, y se mantienen, aislados los diferentes personajes. Al igual que las heroínas virtuosas del primer texto, los personajes del texto realista aparecen atrapados e incapaces de comunicación. En oposición a las primeras, sin embargo, no son felices.

Todos los temas alrededor de los cuales gira el mundo ordenado, romántico, de la novela de folletín adquieren, a través del diálogo con el texto realista, una visión desordenada, grotesca, lográndose, de esta manera, el elemento paródico del primer texto. Se parodia la pobreza, la caridad, la Iglesia, el amor, el sexo, el matrimonio, la virginidad y, por último, la felicidad. A través de la parodia se confronta, en otras palabras, todo el código moral en el cual se encierran estas instituciones tradicionales y del cual es portadora la literatura folletinesca. La pobreza, por ejemplo, conlleva, en el texto popular del folletín, el elemento de satisfacción que rodea a las dos niñas buenas y huérfanas de la novela de Ido. Como resultado del diálogo textual, la pobreza conlleva en su representación la miseria y la deshonra pero *no* la felicidad. En un momento de intimidad entre Refugio y Amparo, exclama la primera, "¿Por qué es mala una mujer? Por la pobreza... Tú has dicho: 'Si trabajas...' ¿Pues no he trabajado bastante? ¿De qué son mis dedos? Se han vuelto de palo de tanto coser. ¿Y qué he ganado? Miseria y más miseria... Asegúrame la comida, la ropa, y nada tendrás que decir de mí" (p. 1497).

Es con la relación intertextual, por consiguiente, que Galdós parodia el concepto de "honradez" en el cual se basa todo el esquema moral del texto de Ido. Amparo, por ejemplo, comparte casi todas las virtudes morales de los personajes folletinescos. Es pobre, bella y obediente. Es también poseedora de un "corazón inclinado a todo lo bueno," como ella misma lo expresa. Reconoce también la muchacha que "si algún mérito tenía... era el grande amor al trabajo" (p. 1534). Le falta a Amparo, sin embargo, la columna fundamental para ser el dechado de perfecciones, la copia impecable de la imagen del folletín: la virginidad. La ausencia de esta virtud le prohibe a Amparo todos los beneficios sociales—incluyendo el matrimonio—que pudiera haber cosechado de haber tenido la tan preciada joya de la virginidad. En el texto de Ido la castidad es imprescindible en la caracterización de sus protagonistas. Precisamente, los sentimientos de autosatisfacción experimentados por las muchachas radican en el rechazo de las ofertas lascivas propuestas por un marqués y un banquero. Ni siquiera la "carta llena de billetes" del primero y los "puñados de billetes" del segundo las hace caer en el pecado de la fornicación (pp. 1464, 1465).

En la dimensión intertextual, sin embargo, la falta de virginidad en Amparo y en Refugio les niega a las heroínas virtuosas su pureza corporal. La ausencia del aspecto sensual de las dos niñas de Ido frente a la sexualidad de las hermanas Emperador hace que la moral del código virtuoso folletinesco caiga de su posición de encumbramiento para aproximarlo a la esfera de la tierra y del cuerpo. El estado de confrontación entre estas dos posturas, basado en la presencia y ausencia de la virginidad, transfiere al nivel material lo elevado e idealizado de la moralidad de la novela por entregas.

El final de la novela contribuye, asimismo, al contexto paródico del texto de folletín. El alejamiento de Madrid de Agustín y de Amparo, como amantes y no como marido y mujer sancionados por la ley, rechaza los finales felices de las novelas por entregas. El desenlace de Agustín y de Amparo a finales de la novela destruye el sentimentalismo de las Cenicentas convertidas en flamantes esposas de (indianos) ricos. Como amantes, el papel de "la virtud siempre paga" se invierte y, en su lugar, tenemos a *una* heroína romántica cosechando los beneficios materiales a despecho de aquellos valores morales y sociales responsables de la fórmula original.

Atrapados en el juego dialógico, el discurso folletinesco y el discurso realista son objetos de transferencias de significados en sus funciones respectivas. La cualidad inocente, infantil, que caracteriza al texto folletinesco determina la función del mismo. La nota persistente de nostalgia hacia una edad dorada imaginada, cuyas características principales serían el orden, la verdad, el amor puro y la justicia, parecería querer proyectar los sueños y anhelos del público que más se identificaba con este tipo de literatura. La función de la novela realista del siglo diecinueve se ha visto, por otro lado, en el rechazo de la obra folletinista debido, en gran parte, a su sentimentalismo, su romanticismo y a la propagación de ideales que, por ser decrépitos y anticuados, se considerarían falsos. El realismo pretendería, por lo tanto, negar la función del texto folletinesco. Tendría como propósito fundamental el de sustituir el "sentimentalismo romántico" del discurso folletinesco por una visión más "real" de la vida.

Aunque ambas funciones determinan, hasta cierto punto, el significado de cada texto, el estado de confrontación en que se encuentran ambos textos en *Tormento* apunta a otra función. La función nueva radica precisamente en la confrontación de un texto frente a otro—de un discurso frente a otro discurso. Es en esta confrontación—de donde salen los signos transformados—donde radica la nueva función de la novela galdosiana. El texto de Ido proviene de la "realidad," o la realidad como se concibe en el texto realista del siglo diecinueve, y a ella se ha dirigido Ido en busca de inspiración. La encuentra, pero al trasladar estas historias a sus novelas, las transforma, las distorsiona, ajustándolas a las convenciones de las novelas folletinescas. En esta transformación los signos (personajes, objetos, temas) pierden su contorno "realista" de donde ha ido el novelista de folletines a buscarlos para adoptar—a través de la "imaginación"—la función de signos románticos de otros sistemas. El texto realista, por otro lado, basa su discurso en el texto de Ido, transformándolo, a través de la parodia, en signos "realistas" codificados. Es en este tipo de conversación intertextual donde dos voces que se enfrentan, y se reflejan, pierden su estado original. Como resultado, tenemos signos ambiguos caracterizados por una nueva función.

El diálogo mantenido en la convivencia de textos diferentes se reduce en la novela galdosiana a dos textos: el folletinesco y el realista. La importancia de la novela galdosiana radica en el cambio jerárquico de estos dos textos y de los valores asociados a éstos. En *Tormento* se subordinan, a través del diálogo, los autores y las obras folletinescas. Por otro lado, el "realismo," concebido dentro de este contexto, deja de ser la voz de la verdad, de "lo real" para convertirse en una voz más dentro de la dualidad sinfónica de dos voces. Son estas voces las que se deforman y se transforman en la conversación intertextual que determina la estructura extraordinaria de *Tormento*.

3
La incógnita y *Realidad*

GONZALO SOBEJANO, en su artículo "Forma literaria y sensibilidad social en *La Incógnita y Realidad* de Galdós,"[1] señala lo que para él sería una diferencia básica entre ambas novelas. Sobre *La incógnita* señala que el tema principal es el de la opinión, la cual, según él, es "en el mejor de los casos, una certeza subjetiva, y en esto se diferencia de la certeza objetiva, verdad o realidad."[2] Más adelante escribe: "la razón de la forma hablada de *Realidad* ha de estar, en lo esencial, en la necesidad de completar la superficie opinativa y descriptiva de *La incógnita* con un fondo de verdad interior sacada de la conciencia a fuerza de palabras inmediatas."[3]

De acuerdo a las ideas presentadas por Sobejano se puede deducir que existen dos tipos de lenguaje, aquél que se mantiene en la superficie de la realidad y aquél que la penetra, obteniendo, en el acto de penetración, la "verdad" de los hechos. Siguiendo su argumento, señala Sobejano que el lenguaje de *La incógnita* se refiere a los "hechos," mientras que el de *Realidad* se refiere a la "acción"; el primero a la "superficie," el segundo al "fondo"; el primero a la "materia," el segundo al "espíritu."[4] El lenguaje de *La incógnita* sería un comentario de la opinión mientras que el de *Realidad* penetraría la verdad "íntima."[5] Sobejano, para apoyar aún más sus conclusiones, señala que el lenguaje de *La incógnita* se manifiesta en un "conversar sintomático" en vez de un panorama de tres dimensiones: el lenguaje de esta obra es un "muestrario de instantáneas planas" compuesto de "formas compositivas de índole literalmente superficial." Las "formas compositivas" a las que se refiere el crítico son (1) la crónica de hechos y conversaciones, (2) la semblanza instantánea del aspecto físico, y (3) el rompecabezas de una semblanza moral problemática. Como resultado de estas formas, la visión de la realidad que brinda el lenguaje de esta novela se caracteriza por dos aspectos básicos: la superficialidad y la inestabilidad.[6]

Muchos de los críticos que se han aproximado al lenguaje de ambas novelas lo han hecho siguiendo, más o menos, el paradigma semejante a aquél establecido por Sobejano. Mariano Baquero Goyanes habla del "mismo asunto" que define a las dos novelas aunque a uno se le ve "desde fuera" y al otro "desde dentro."[7] Roberto Sánchez llama la atención a la "realidad impresionista y parcial" que presentan las cartas de Infante mientras que en *Realidad* se narra la misma versión, según Sánchez, en "forma objetiva."[8] Años antes, Joaquín Casalduero había señalado la necesidad que siente Galdós de pasar de lo "externo" en *La incógnita* a lo "interno" en *Realidad*: "ha cambiado su manera de concebir la realidad, la cual ya no se le presenta como algo exclusivamente mecánico y material— [*La incógnita*]—sino espiritual también—[*Realidad*]."[9] En otro artículo suyo, titulado "*Ana Karenina* y *Realidad*," Casalduero afirma que el aspecto espiritual es totalmente evidente en *Realidad*, "novela en la que se deshace el enigma que ofrece *La incógnita*, porque mientras que en ésta se han tenido en cuenta sólo los datos observables, en aquélla se ha penetrado en el recinto de la conciencia."[10] H. Chonon Berkowitz señala que en *Realidad*, "the true reality is revealed by the characters as they search their consciences and lay bare impulses and convictions which are at variance with apparent motives and obvious causes," mientras que *La incógnita* se ocupa de "the relative truth that a given phenomenon conveys to those who view it externally and with detachment."[11] Por último, Ricardo Gullón en el artículo ya citado, "Una novela psicológica," señala que en *Realidad* "se produce la revelación de las almas: lo hasta entonces opaco resulta transparente y los personajes se desnudan en la palabra."[12] Como se puede ver por estas breves reseñas, aunque existen leves diferencias en la postura de los críticos, es evidente que todos ellos se han aproximado a ambas novelas de una manera semejante a la de Sobejano.

Apartándonos de las observaciones de los críticos citados, por razones que se harán evidentes más adelante, la intención del presente capítulo es la de plantear el análisis de la intertextualidad como una nueva manera de aproximación a ambas obras. Es nuestra opinión que el diálogo textual se encuentra en el centro de las dos novelas de Galdós y que es este diálogo el que les brinda a *La incógnita* y a *Realidad* sus verdaderos significados. Sin un estudio detallado de los discursos textuales poco se podrá comprender del proceso creador en la narrativa de Benito Pérez Galdós. En lugar de las dos categorías establecidas, la del lenguaje "externo" o "superficial" de *La incógnita* y la del lenguaje "interior" o "verdadero" de *Realidad*, nuestra investigación tratará de demostrar cómo las bases dialógicas que definen la estructura en ambas obras hacen del lenguaje un elemento mucho más complejo y, por lo tanto, ambiguo, de lo que ha sugerido gran parte de la crítica galdosiana hasta estos momentos. Al mismo tiempo, se demostrará cómo a través de la dinámica dialógica que define a ambas obras se establece una perspectiva de conjunto. El diálogo une estas obras de tal manera que son vistas como parte de una totalidad discursiva, donde las únicas diferencias están marcadas por las voces individuales que emanan de aquellos textos en los cuales se basan las estructuras de ambas novelas. Por consiguiente, se puede concluir que ambas crean una familia de textos relacionados entre sí.[13]

Antes de pasar adelante es necesario indicar, asimismo, las dificultades que se presentan al tratar de comprender exactamente las razones que la crítica ha podido haber tenido para llegar a sus conclusiones relacionadas al lenguaje de las dos novelas. En parte esto se debe a que un análisis del lenguaje galdosiano en sí no ha sido la razón principal que ha motivado a la composición de muchos de estos trabajos. De ahí que los pocos comentarios que se encuentran sobre el lenguaje hayan sido mencionados un poco a la pasada, sin haberse detenido demasiado tiempo en ellos. De ahí también la falta de profundidad en algunas de las explicaciones sobre este tema en particular y nuestra dificultad al tratar de penetrar sus análisis. Estas dificultades, por lo tanto, nos llevan a hacer ciertas conjeturas y a cuestionar algunos de los comentarios. ¿Es, por ejemplo, la presencia del diálogo mismo en *Realidad* lo que hace que el lenguaje sea más "verdadero" que aquél que no se encierra en la estructura de un diálogo? O, por el contrario, ¿es la presencia del "autor-testigo"—como lo llama Gonzalo Sobejano a Manolo Infante[14]—lo que hace que el lenguaje de *La incógnita* sea menos "verdadero"? Por otro lado, ¿existe algún criterio específico que vincule a un lenguaje "objetivo" con la "verdad" o lo "verdadero," y a un lenguaje "subjetivo"—equivalente en algunos casos a "superficial"—con la "no-verdad" o con lo "no-verdadero"? Tememos que la respuesta sea *no* y que lo sea simplemente porque el conflicto entre ambos "lenguajes" no es uno entre superficie y profundidad. Dada la naturaleza del lenguaje todo aspecto de su sistema es traído a la superficie: es sólo al tomar en consideración esta superficie que podremos empezar a aproximarnos a algunos de sus criterios. Paolo Valesio se refiere al hecho de que de haber algo en el fondo, en las profundidades del lenguaje, esto sólo puede ser obtenido por medios no discursivos:

> The only rationality that can be attained is the "superficial," stylized, modestly topical ("commonplace") rationality implemented by human discourse. As for a merely possible fuller rationality, it can be reached only by those who are bold enough to forsake the frail rationality of discourse, and plunge into silence.[15]

Todo esto nos lleva a cuestionar lo que la crítica entiende por la dicotomía subjetividad/objetividad o verdadero/no-verdadero a nivel del lenguaje. Habría que preguntarse, asimismo, si la "subjetividad" de *La incógnita* y la "objetividad" de *Realidad* se refieren al hecho de que mientras que la primera parece articular ciertas preguntas, como ¿quién es el amante de Augusta? o ¿quién mató a Federico Viera? o ¿por qué se mató?, el discurso de *Realidad* parece no sólo responderlas sino también resolverlas. El amante de Augusta es Federico Viera. Federico se mató a sí mismo. Federico se mató porque no podía ya más con su vida. En otras palabras, al pretender *Realidad* "resolver" las incógnitas establecidas en la primera novela, parecería estar satisfaciendo la curiosidad del lector al brindarle la garantía de una "verdad" cualquiera que ésta sea, o, dicho en otras palabras, la existencia de una "realidad" palpable, concreta.

Pero, ¿son éstas las categorías que definen el lenguaje de la narrativa galdosiana? ¿Justifican verdaderamente los discursos contenidos en ambas obras estas divisiones establecidas por la crítica? Se podría argumentar que sus conclusiones emanan de un comentario hecho por el "yo" narrador que domina el punto de vista de la primera novela. Manolo Infante, después de haber recibido la "novela de cinco jornadas" que su amigo Equis X le había enviado, le escribe lo siguiente:

> tú, Equisillo diabólico, has sacado esta *Realidad* de los elementos indiciarios que yo te di, y ahora completas con la descripción interior del asunto la que yo te hice de la superficie del mismo.[16]

La dificultad en aceptar la versión que de su lenguaje mantiene Infante como la única versión radica en el hecho de que a través de toda la novela nos encontramos con un personaje cuyo desarrollo va demostrando un paulatino desconcierto con su discurso y con el lenguaje en general. Esta confusión se manifiesta en las diferentes versiones que Manolo expone en sus misivas sobre cada una de sus experiencias en la capital. Empezando con los posibles amantes de Augusta y culminando con las diferentes versiones del supuesto crimen/suicidio de Federico Viera, el lenguaje utilizado por Infante en sus cartas es un lenguaje marcado por la contradicción y, como resultado, por la ambigüedad. Ricardo Gullón anota que una de las características de Infante es la de no poder alcanzar su objetivo: "el narrador es un investigador empeñado en averiguar algo que nunca llegará a saber."[17] No hay que olvidar que cuando Infante empieza el proceso epistolar le asegura a su amigo que utilizará en sus cartas sólo aquel lenguaje que refleje exactamente la realidad:

> Observo lealmente, rectifico cuando hay que rectificar, quito y pongo lo que me manda quitar y poner la realidad, descubriéndose por grados, y persigo la verdad objetiva, sacrificándole la subjetiva. (LI, p. 742)

Rechaza Infante, por entonces, todo aquello que lo aparte de los límites estrictos que se ha establecido, incluyendo lo que él mismo clasifica como "verdad subjetiva."[18] En algunos instantes, sin embargo, cuando siente la necesidad de servirse de aquel lenguaje que proviene de esta "verdad subjetiva" explica que lo hace sólo cuando su estado emocional es el de la "enfermedad" o el de la "exaltación insana." A medida que va enviando sus cartas a Equis X, no obstante, va descubriendo lo limitado de su esquema original. El uso del lenguaje, tal como se lo había programado al principio, no funciona. Se pregunta que a qué se deben las transformaciones en sus observaciones, de dónde se originan sus obcecaciones. Se obstina en rechazar, sin embargo, este cuestionamiento y continúa insistiendo en el hecho de que sus razonamientos "ofuscados" son el resultado del inestable estado emocional en el que se encuentra debido a su estadía en la capital española, a sus frecuentes contactos con la alta burguesía madrileña y a sus sentimientos hacia Augusta. Llega un momento, no obstante, en que no le queda a Manolo Infante otro remedio que aceptar el lenguaje en toda su contradicción, en otras palabras, en toda su incógnita. Esta última postura se le revela a Manolo al tratar de describirle Orozco a su amigo,

> Voy trazando el retrato como puedo. Quisiera seguir; pero te advierto que no veo bien todo el original: hay algo que permanece en la sombra, y por eso mi pintura no es ni puede ser completa. (LI, p. 766)

Dadas las dificultades que Manolo demuestra en sus diferentes interpretaciones, ¿cómo se puede entonces aceptar la versión de Infante como la clave que nos llevará a una comprensión de sus narraciones? ¿En cuál de sus versiones puede uno confiar lo suficientemente como para poder llegar a ciertas conclusiones? Es evidente que para comprender el lenguaje de Manolo y el de la obra en su totalidad no podemos fiarnos totalmente de su opinión, como evidente también es que para estudiar su discurso necesitamos separarnos de su auto-percepción.

Lo que sí habría que establecer desde el principio, no obstante, es que sí existe una leve diferencia entre el discurso de *La incógnita* y el de *Realidad*. Las voces en la novela dialogada son aún más transparentes que cuando llegaban camufladas por la voz de Manolo en la obra epistolar. Augusta, por ejemplo, que en la primera novela se vislumbra rodeada de un cierto misterio, de ciertas contradicciones que podrían llegar a ser interesantes, como resultado de la mediación, conflictiva, de Manolo, es, en esta segunda obra, un personaje de cartón, una impresión más en la página en blanco, una voz basada en la imitación, transparente, de textos precesores y contemporáneos. Diane Urey señala que Augusta vive persuadida por las palabras, y que sus ideas están basadas en clichés literarios:

> her distinctions between "ilusión" and "razón," "vida real" and "espacios imaginarios," "romanticismo" and "la época positivista," and "poesía" and "prosa" are all equally contrived and impractical. Her concept of

reality is totally idealized. Her love, which she swears is eternal, is founded on the conventions of literature.[19]

Es natural, por lo tanto, que casi todo el discurso de Augusta esté basado en la repetición de fórmulas textuales fácilmente reconocibles. Como ejemplo tenemos las fórmulas románticas que ocupan mucho de su discurso, "Es cierto que me atrae el misterio, lo desconocido. Lo claro y patente me aburre" (R, p. 850) o "¡Ay, amor mío, cuánto me haces sufrir! Quiero verte, quiero dolerme de tus agravios, y que me pidas perdón y desvanezcas este enojo que siento contra ti" (R, p. 834). Presentes también están en su discurso fórmulas folletinescas:

[en diálogo con Viera] Bueno, déjame a mí el pecado entero, y coge para ti los escrúpulos. No me importa; tengo fuerzas para cargar toda la culpa, con tal de verte contento, tranquilo, y hecho un varón santo." (R, pp. 852-53)

o cuando le recrimina a Federico sus relaciones con la Peri:

Comprendo que te enamores de una mujer perdida, prefiriéndola a mí. El amor no tiene lógica, ni entiende de clases. Pero la amistad no es tan independiente, señor mío, está más ligada con las condiciones sociales, con la decencia y con la opinión. (R, p. 849)

Su discurso contiene, asimismo, fórmulas de textos operáticos como cuando, para rechazar los avances de Malibrán, cita Augusta versos de la ópera italiana.

Un estudio de toda la estructura de *La incógnita* y de *Realidad,* y ya no sólo de la del discurso augustiano, nos revela cómo el fenómeno de la multiplicidad de sus textos distingue a ambas novelas. Habría que señalar que el análisis intertextual de las cartas de Infante rechaza la crítica que Ricardo Gullón establece cuando se refiere a la anomalía del diálogo epistolográfico. Para Gullón, éste es un "monólogo distribuído en períodos de tiempo, o, si se prefiere, un diálogo en el que sólo se oye la voz de uno de los interlocutores."[20] En las cartas de Infante a su amigo Equis X encontramos citas de textos románticos. El 2 de enero le escribe: "Antes, quizás, no la amaba de veras; empujóme hacia ella un antojo, una voluntariedad de joven del siglo" (LI, p. 752). El 10 del mismo mes le redacta un diálogo que había mantenido con Augusta en el que le dice: "No estoy sino sumiso. Te obedezco; no tengo más voluntad que la tuya. Soy tu esclavo" (LI, p. 761). También se encuentran citas de las novelas de folletín, como cuando Infante formula en su carta del 2 de enero la siguiente interrogante: "Y ahora surge de nuevo la gran duda. ¿Es honrada [Augusta] o no lo es?" (LI, p. 751), para contradecirse más adelante con la clásica cita folletinesca, "*¡Es un ángel!*" (LI,

p. 752). Habría que mencionar que varios estudios se han hecho tratando de establecer vinculaciones con aquellos textos que pudieron haber contribuído a la formulación de estas dos obras de Galdós. George Portnoff, por ejemplo, señala la influencia de Tolstoy en el lenguaje y de Ibsen en el ideal de *Realidad*,[21] mientras que José A. Balseiro se refiere específicamente a la influencia de *Ana Karenina* en la misma novela.[22] Joaquín Casalduero, por otro lado, refuta la tesis de ambos críticos. El propósito de su artículo "*Ana Karenina y Realidad*" es el de tratar de demostrar la imposibilidad de relacionar a los personajes de la obra galdosiana con los personajes de Tolstoy.[23]

Además de la multiplicidad de sus textos, la palabra que domina ambas novelas llega marcada por la duplicidad. Por duplicidad se entiende, en este contexto, no la dicotomía del lenguaje tal como la ha establecido la crítica galdosiana, entre "subjetividad" y "objetividad," sino más bien la de una duplicidad contenida en un lenguaje compuesto de dos caras, el lenguaje carnavalesco estudiado por Bakhtin, cargado de contradicciones y de oposiciones. Veamos concretamente el caso del narrador omnisciente de la primera novela. En *La incógnita*, Manolo Infante es un epistológrafo. Le escribe cartas a un amigo suyo, aparentemente íntimo, conocido por el lector con el nombre de Equis X. Estas cartas se las envía Manolo desde Madrid en donde se encuentra ejerciendo un trabajo burocrático como representante de su pueblo natal, Orbajosa, en las cortes madrileñas.[24] Un análisis de las cartas revela, no obstante, que subyacente al texto epistolar utilizado por Manolo se encuentran, además de los textos citados, otros provenientes de otras culturas con los cuales el primer texto entabla una relación dialógica.

Un estudio cuidadoso de las epístolas de Manolo revela, no obstante, la presencia dominante de uno de los textos en particular: el texto periodísitico.[25] En sus cartas Manolo utiliza discursos usados en la redacción de periódicos del tipo panfletista. Como panfletista, sus cartas pertenecen al género de los "libelos," palabra que proviene del latín "libellus." Conviene recordar que en su definición original estos textos eran unos escritos satíricos o infamatorios. Las cartas o "libellus" de Manolo son infamatorias en cuanto a su cuestionamiento de la moralidad de la sociedad burgesa, personificada en la persona de Augusta, y son satíricas en cuanto al hecho de que la calidad de su discurso es picante, mordaz. La sátira se manifiesta en el discurso de Manolo y en la interpretación que él mismo hace del discurso de los otros personajes, dado que los de éstos llegan al lector camuflados por la voz persistente y dominante del reportero satírico que controla la obra: Manolo.

Un proceso semejante toma lugar en la novela dialogada, *Realidad*. El análisis de la estructura intertextual en esta segunda obra nos muestra que debajo de la aparente normalidad interlocutiva de los diferentes personajes se encuentra una variedad de voces provenientes de diferentes textos. Siguiendo el modelo de la primera novela, aparece en la segunda la presencia del texto periodístico, aunque sin seguir exactamente el paradigma periodístico de Manolo. Los "libelos" se descomponen y en su lugar se forman otros textos aunque derivados también de la prensa. Tenemos el texto "parlamentario" de Manolo, el de las "reseñas" artísticas de Malibrán y Cisneros y del teatro de Augusta y de Teresa Trujillo. También tenemos aquél que divulga eventos cotidianos, particularmente aquéllos vinculados a la política y a la economía vigentes, del cual participan casi todos los personajes de la novela. Por último, se encuentra el de la sección de "sucesos policiales" en la cual predominan las noticias escandalosas.

El texto periodístico de *Realidad* se diferencia del de *La incógnita* en una ausencia importante. Con la segunda obra se ha disminuído la presencia dominante del corresponsal, o, como señala una reseña de la época, ha quedado "arrinconado en un papel de comparsa."[26] El discurso de Manolo, que en la obra anterior era el único y, por lo tanto, esencial para la narración, pasa a ser en la novela dialogada un discurso más, hasta casi se podría decir sin importancia, si se le compara al de los personajes principales. La palabra dominante de Infante en la primera novela ha sido diseminada en la novela dialogada en los varios discursos de sus protagonistas. Aunque su ausencia, su silencio, parecería obstruir la ilusión de unidad que caracteriza la primera novela, vemos cómo eso no sucede dado que el elemento de cohesividad se logra en la segunda, a través de la unidad temática de sus varios textos.

El tema que une el diálogo entre las diferentes voces de *Realidad* proviene de aquellos textos de vena moralista que tanta popularidad alcanzaron en el siglo diecinueve. Estos textos didácticos se publicaban ya sea en volúmenes separados o como parte integral de los diferentes periódicos y revistas de la época. Aunque el contenido de esta moralidad sufre leves variaciones en las dos novelas galdosianas, como cuando se habla de la justicia y de la libertad por ejemplo, es la fidelidad conyugal la que ocupa mayor cantidad de tiempo y de espacio narrativo. Es tal la intensidad con la que se discute este tema, que todos los otros tópicos son relegados a una posición secundaria. Este énfasis es tan aparente y tan obvio que si no se tuviera en cuenta el elemento de la parodia del lenguaje galdosiano, se podría afirmar que el fin, el propósito, de ambas obras estaría destinado a la propagación de una nueva moralidad. Este proceso de divulgación se lograría a través del cuestionamiento de la nueva moralidad burguesa española de mediados del siglo pasado. Se debaten en ambas obras, por ejemplo, los antecedentes responsables de los nuevos valores y las probabilidades futuras de los mismos. La dicotomía Viera/Orozco representaría precisamente las voces de textos moralistas del pasado. Viera sería el texto calderoniano mientras que Orozco representaría el quijotesco. Augusta, por otro lado, sería la voz que problematizaría: cuestionaría y se sometería a ambas al mismo tiempo.

Las voces periodísticas de ambas novelas, especialmente aquéllas relacionadas a los sucesos escandalosos, llegan marcadas, a su vez, por discursos originados en textos de rumores y de chismes: "La primera [versión] ... es la que oí en la Peña de los Ingenieros" (LI, p. 791) o "Allá va otra. De seis o siete versiones recogidas en el Casino" (LI, p. 793) o "Esta y otras especies corren por allí" (LI, p. 795). De la misma manera que la prensa de hoy en día, los sucesos que mayor espacio ocupaban en las páginas de los periódicos, y en las de ambas novelas, son aquéllos vinculados a los de los miembros de las clases altas, y los que más apasionaban eran los de sus crímenes de pasión. Lo mismo sucede a nivel de chisme.

Pero, ¿cómo es este discurso periodístico? Esencialmente, deriva de la escritura. Como tal, está basado en fórmulas que provienen de la escritura. Aún cuando su máscara es la de la oralidad, como es el caso de *Realidad*, está éste supeditado a fórmulas escritas. Infante mismo se refiere a la conversación como el "reporterismo oral" el cual, según el escritor de cartas, es aún más difusivo y penetrante que el "barullo anónimo de la prensa" (LI, p. 795). Ya a principios de la novela había hecho la misma observación cuando señala que la conversación es como una literatura sin imprenta, la cual "influye tanto o más que la estampada en la opinión general" (LI, p. 719).

Los diferentes textos periodísticos llegan marcados por la influencia de otro texto, el cual los domina casi en su totalidad: el texto de folletín. El tema de ambas novelas—el del crimen/suicidio, rodeado del elemento de misterio—es el mismo que domina mucho de la obra folletinesca europea en general, como también lo son sus sub-temas: celos, infidelidad, crímenes de pasión. No hay que olvidar que la novela de folletín española siguió muy de cerca el paradigma establecido por los escritores franceses y especialmente por la obra de Victor Hugo, *Los miserables*, escrita en 1862. De ahí que en *Realidad* nos encontremos con toda la misma retórica que distingue este tipo de texto popular.

A pesar de que las novelas de folletín son las que sirven de marco a las dos obras de Galdós, Manolo, en la primera obra, se niega a aceptar esta vinculación. Según él, su narración carece de aquellos elementos que componen el disfraz folletinesco, entre los que se encuentran lugares exóticos, como Varsovia, traducciones directas del francés, la invención y la intriga (LI, p. 760). De lo que no se da cuenta Infante es que, además de la retórica proveniente de los textos populares que domina mucho de sus cartas, aparecen también en la superficie de sus narraciones dos versiones que podrían haber sido transferidas directamente de las narraciones en serie. La primera es aquélla basada en los amores, ilícitos, de Augusta con

Federico Viera y el consecuente suicidio de éste. La segunda está basada en la relación romántica entre Santanita y la hermana de Viera. Mientras que a la primera narración se le podría haber titulado "Un crimen pasional" o "El pecado del amor," a la segunda se le podría haber antepuesto un título muy en voga en las novelas de folletín, como "El ángel del amor" o, mejor aún, "El amor siempre triunfa."

Esto no quiere decir que la prensa y la novela de folletín hayan sido los únicos textos, o los principales, en las novelas de Galdós. Con el episodio del supuesto crimen que ocasiona la muerte de Viera, ambos textos dialogan con otro texto, el realista, cuyos orígenes se podrían trazar a un texto obtenido, esta vez, de la "vida real." Este último, conocido con el nombre de "El crimen de la calle de Fuencarral," fue publicado en muchas ediciones de diferentes periódicos por todo el país. En Madrid el diario liberal *El Imparcial* (fundado por Eduardo Gasset y Artime) publica el 25 de marzo de 1889 la siguiente advertencia:

> Debiendo empezar mañana la vista en juicio oral y público de la célebre causa formada con motivo del asesinato de doña Luciana Borcino, en la calle de Fuencarral, hemos creído necesario, para que el público pueda seguir con más fruto el desarrollo de los debates judiciales, compendiar todos los datos referentes a ese crimen en una doble hoja que acompaña a este número, y que bajo el título de
>
> El Crimen
> de la
> Calle de Fuencarral
>
> contiene como extracto del sumario....[27]

El crimen del texto realista, nunca verificado, parece haber tomado lugar en Madrid, el primero de julio de 1888. Ricardo Gullón menciona que este incidente apasionó de tal manera al país, y a Galdós, que motivó al escritor a que siguiera de cerca el proceso. Según Gullón, los aspectos del proceso que más preocuparon al novelista fueron "el movimiento pasional de la mayoría," las "diferencias de la instrucción," y "la figura de Higinia Balaguer, supuesta autora del asesinato."[28] Shoemaker cita parte de las cartas que Galdós escribió para *La Prensa* de Buenos Aires, en las cuales se incluyen sus comentarios sobre el tan comentado episodio.[29] En una carta escrita el 12 de diciembre de 1888 y publicada el 13 de enero del año siguiente, escribe Galdós para el periódico argentino:

> Recordarán mis lectores el horroroso crimen de la calle de Fuencarral, al cual, por ser tema preferente de la opinión y de la prensa en Julio último, consagré bastante espacio en estas cartas... Este asunto llegó a apasionar

La incógnita y Realidad

de tal modo a la gente, que no se habló de otra cosa en Madrid durante un largo mes, y había sido preciso que el mundo se hundiera para que la opinión se apartara de aquel tema candente.[30]

Ricardo Gullón indica también que Galdós escribió las dos novelas analizadas en este capítulo durante la misma época en que se tramitaba la causa del crimen de la Calle de Fuencarral.[31]

Como se puede ver, el tejido textual en ambas novelas es bastante complejo: el texto realista de la narrativa galdosiana, además de dialogar con los textos populares de la prensa y de los folletines, entabla un diálogo con otro texto realista proveniente de la "vida real," publicado en una variedad de ediciones por la prensa de la época. El texto realista derivado de la "vida real," en diálogo con el texto realista, en diálogo con el periodístico, en diálogo con el texto folletinesco, adopta en la narrativa galdosiana diferentes nomenclaturas. Aparte del nombre mencionado, se le conoce como "el crimen de la calle de Baño" o "el drama ocurrido en el solar del polvorista" (LI, p. 791). También se encuentran referencias más enigmáticas como la "misteriosa tragedia" (LI, p. 774).

Además de los textos periodístico y folletinesco, aparecen también en la novela dialogada textos adicionales. Para rechazar a Malibrán, Augusta cita versos de la ópera italiana. Leonor se refiere a *La Traviata* y a su amante como el redentor-personaje de la composición musical. Orozco, como ya se ha señalado, es el quijote del siglo decimonono, de nobles ideas:

> Hija de mi alma [le dice a su mujer], sería insoportable este plantón de la vida terrestre, si no se permitiera uno, de vez en cuando, la humorada de hacer algo diferente de las acciones comunes y vulgares. (R, p. 875)

Su satisfacción más grande la encuentra, según él, en la correción de graves anomalías: "el único goce efectivo es éste. Lo demás es miseria, pequeñez, satisfacción de antojos pueriles..." (R, p. 879): textos quijotescos de noble embergadura, como se lo señala su mujer, pero completamente incorpóreos: "¡Ay, nobles ideas; pero qué inmateriales, querido! Son como formas vaporosas que parecen figuras. Intentamos cogerlas y se nos desvanecen entre los dedos" (R, p. 879).[32] Viera, asimismo, es el personaje calderoniano, por excelencia. Las figuras de La Sombra de Orozco y de La Imagen de Federico son reminiscencias del elemento de lo fantástico provenientes de textos tales como *El burlador de Sevilla* de Tirso de Molina y *Don Juan Tenorio* de José Zorrilla. El siguiente enunciado de La Sombra de Orozco a Viera es una reminiscencia de aquél dicho por el Comendador a don Juan: "No te acobardes. Mal de imaginación, desasosiego del espíritu y nada más. Tranquilízate, hazte dueño de tu voluntad" (LI, p. 902). Por otro lado, Federico Viera compara La Sombra a la figura del Amadís de quien dice que es "Amadís de la delicadeza y de la dignidad" (R, p. 912). También participan del diálogo textual las comedias de las épocas de Calderón y Cervantes, como cuando Orozco dice, "Que esto sea como el *tableau* con que acaban las comedias" (R, p. 893).[33] El marido de Augusta compara el desenlace de la vida de Viera con el de las comedias del teatro chico del siglo XIX, considerándolas a estas últimas de "cursis" por su exageración (R, p. 893).

Referencias semejantes a otros textos se encuentran también en las voces de las sirvientas de Viera, aunque ligeramente transformadas. Los textos que penetran su discurso provienen no de aquéllos consumidos por la burguesía sino más bien de textos orales diseminados a través de la cultura popular española. Un ejemplo se encuentra cuando Claudia se refiere al padre de Federico como el "judío errante" (R, p. 857), mientras que del hijo de éste señala que es "más orgulloso que don Rodrigo en la horca" (R, p. 857). A pesar de que los textos en los discursos de ambas mujeres derivan del pasado, de la tradición española, sus valores no concuerdan con otros textos derivados también del pasado. Rechazan, por lo tanto, la moralidad de su amo debido a lo que ellas consideran lo anticuado de su posición:

> Este señorito fantasioso cree que estamos en tiempos como los de esas comedias en que salen las cómicas con manto, y los cómicos con aquellas espadas tan largas, y hablando en consonante. ¡Válgate Dios con la quijotería! (R, p. 841)

Interesante es que en este ejemplo no sólo haya en los discursos de ambas muchachas inclusiones textuales de las comedias de capa y espada y de *Don Quijote* sino especialmente la combinación de ellas en una sola exclamación.

Los discursos de ambas mujeres revelan otras características importantes. Los temas de las discusiones entre Bárbara y Claudia están generalmente relacionados al señorito Viera y a la relación amorosa entre el hortelano Santanita y la hermana del aristócrata. Noticias de este suceso han llegado a oído de ambas mujeres no directamente a través de la conversación con miembros de la burguesía sino más bien por medios menos directos. Bárbara y Claudia escuchan a puertas cerradas la conversación de sus patrones. La información que cada una de ellas obtiene por estos medios se la transmiten entre ellas. Al tratar de duplicar el lenguaje burgués, cometen ambas, no obstante, errores debido a su falta de familiaridad con ese léxico. En lugar de "anacronismo" dicen "maricronismo"; "alimento" por "elemento" (R, p. 857). Por otro lado, dada la distancia entre el discurso del cuarto estado y el de la alta burguesía/aristocracia, el léxico emitido por el segundo grupo sólo puede ser comprendido por el primero al ser transferido a su propio mundo discursivo. Para lograrlo, el de la burguesía pasa por un proceso de reinterpretación del cual sale bastante transformado.

Siguiendo la dinámica de la intertextualidad, la confrontación textual se lleva a cabo en estas obras cuando cada uno de los textos presentes busca asumir una posición de superioridad frente a los otros textos. Intenta cada uno, por consiguiente, el rechazo del otro. Un ejemplo específico de este aspecto de contienda del discurso literario se percibe en la postura combativa de los otros textos frente al realista. En una pregunta que Federico Viera le hace a su amante, "¿Pero no es mejor que dejemos en la sombra y detrás de nosotros toda esa realidad fastidiosa que, al fin, puede que diera al traste con el amor mismo?" (R, p. 850), el discurso de Federico parece abogar por la preservación del texto romántico a expensas del realista. Augusta también invoca la presencia de otros textos que no sea el realista, "Yo apetezco lo extraño, eso que con desprecio llaman novelesco los tontos, juzgando las novelas más sorprendentes que la realidad" (R, p. 851). Se podría también señalar que el discurso de Augusta selecciona el de Federico porque éste representa la negación del texto realista, o, si se quiere, de la ilusión del aspecto cristalino, consistente, del mismo: "¿Por qué me enamoraste tú, grandísimo tunante? Porque eres una realidad no muy clara" (R, p. 851).

Que el repudio del discurso realista provenga de los diferentes personajes sólo se puede comprender si se toma en consideración la obstinación con la que cada uno de ellos se aferra a sus propios discursos. Embebidos éstos en la noción de que son ellos los que están en control, se mantienen alejados de cualquier idea que pueda venir a romper esta ilusión. La ironía de su postura radica, no obstante, en que en la confrontación de los textos que componen sus discursos se logra el aspecto subversivo de cada uno.

Una muestra de la subversión del discurso literario tal cual se manifiesta en la narrativa de Benito Pérez Galdós de *La incógnita* y de *Realidad* sale a relucir en el momento en el que se le concibe como un discurso basado en la intimidad. Como ya hemos visto, la forma utilizada en *La incógnita* es la de la carta. Como tal, su lenguaje parece tener una apariencia de familiaridad la cual se logra a través de la llaneza y simplicidad de su palabra, por un lado, y las contradicciones en la voz del corresponsal, por el otro. La presencia subyacente de otros textos a su escritura, sin embargo, nos revela de manera aún más terminante la duplicidad que encubre la ya no tan aparente máscara lingüística de intimidad.

Una capa de intimidad marca también el discurso de *Realidad*, aunque ya no a través de la voz de Manolo Infante sino más bien a través de la voz de cada personaje. Desprovistos de la máscara lingüística, del camuflaje, que prestaba la voz de Infante en la primera novela, cada personaje parece querer revelarse por medio de su propia voz. Sin la máscara que les prestaba el discurso de Manolo, no obstante, el de cada personaje se manifiesta en toda su sordidez, como eco, como repetición de otras voces. Son estas voces fórmulas vacías, sin significado, cuya única función es la repetición textual.

Con el desenmascaramiento del aspecto de intimidad consigue el discurso literario galdosiano revelar su antítesis: la desconfianza, el recelo, la duda. En otras palabras, en lugar de un discurso íntimo, afectivo, nos encontramos en ambas obras con uno contradictorio, conflictivo y en constante estado de movimiento: discurso escurridizo que, por serlo, niega toda posibilidad de aproximación y de afectividad. La palabra galdosiana en ambas obras es, por consiguiente, ambigua, la cual, al mismo tiempo que llama al lector a su confianza, lo aleja y lo aliena.

Otro rasgo notable de la doble cara de la palabra galdosiana la encontramos en *La incógnita* en el destinatario de las cartas de Infante, Equis X. La letra del alfabeto que nombra al amigo de nuestro corresponsal llega marcada por la duplicidad. "X" es el signo gráfico del lenguaje, es el representante de los caracteres de la escritura: es la escritura misma. "X" es también aquella letra que, en materia de cálculos, representa el signo de lo incógnito, de lo enigmático. No sorprende, por lo tanto, que de todas las letras del alfabeto, "X" sea la letra asignada al receptor ausente. Con el uso de este signo la escritura señala su no tan aparente superficialidad, el vacío que se esconde detrás del signo gráfico.

El discurso de Viera es, tal vez, entre todos los discursos de *Realidad*, el más interesante debido a las diferentes voces textuales que lo componen. Como ya se ha señalado, su discurso se distingue por su apego a textos vinculados a las comedias de capa y espada y a la honra calderoniana. En la segunda novela, sin embargo, el elemento manipulador de los textos que componen su discurso sale a relucir con mayor claridad. Desprovista de la máscara de Infante, la palabra vierana demuestra ser mucho más hábil de lo que en la superficie aparenta. Utiliza precisamente sus textos para crear la impresión del *pathos* que marca su vida, su muerte, y su relación con Augusta. Este mismo *pathos* lingüístico sirve, asimismo, otra función, tal vez más importante que la primera. Con éste trata de obstaculizar cualquier posibilidad de confrontación con un discurso que conlleve códigos provenientes de una ideología opuesta a la suya. En otras palabras, el *pathos* que rodea el discurso de Viera quiere impedir la intrusión de un texto progresista que apoye la relación amorosa de su hermana con un hombre de clase inferior. Habría que añadir también que es su habilidad manipuladora de sus varios textos la que hace posible que Viera pueda mantenerse en diálogo con las voces provenientes de las clases privilegiadas y con las del cuarto estado.

La incógnita y Realidad

El aspecto manipulador del discurso de Viera no pasa inadvertido, sin embargo, para algunos de sus contemporáneos, especialmente para aquéllos que lo conocen y que demuestran apreciarlo. Augusta señala que el "jarabe de pico" de su amante es responsable de que Viera arregle fácilmente todas las cosas, "aun aquéllas que no tienen arreglo" (R, p. 909). Orozco, asimismo, percibe la "palabrería ingeniosa" con la que cuenta su amigo y lo acusa de no sentir nada de lo que dice, de engañarlo (R, p. 895). A la sombra de Viera, ya casi a finales de la novela, Orozco le indica lo mismo al señalar que su rival vive de ideas "circunstanciales" y de "artificios jurídicos" (R, p. 903).

El análisis de ambas obras demuestra que la palabra ambigua que define toda la narrativa galdosiana se distingue por el nivel de conciencia que ésta mantiene en *La incógnita* y en *Realidad*. Está ésta consciente de la multiplicidad de sus textos y de la duplicidad que la define y que la caracteriza: estado de conciencia que empieza a vislumbrarse en *La incógnita*, adquiriendo toda su fuerza en la segunda novela. Un ejemplo de este aspecto en la obra epistolar se percibe en el momento en que Infante descubre este fenómeno y se lo comunica a su amigo, Equis X: "Oyense las frases iracundas de siempre, y aquello de *ni esto es partido, ni esto es Gobierno, ni esto es nada*" (LI, p. 762). El discurso del epistológrafo manifiesta que es eco de otros discursos y repetición de otras fórmulas. En *Realidad* este mismo discurso, desprovisto de la máscara de Manolo, muestra, sin pretensiones, toda la fuerza de la vacuidad de su retórica. De ahí que, después de la muerte de Viera, Orozco exclame, "En suma, el drama está en mi casa, y tengo esta noche un lleno completo" (R, p. 918). El drama, o más bien diríamos el "melodrama" o el "teatro dramático" que se representa en su casa y en el cual su discurso desempeña uno de los papeles, es el de un "folletín espeluznante" (R, p. 917).

Los discursos de Viera y de Orozco no son, sin embargo, los únicos conscientes de la duplicidad y de la multiplicidad de la palabra carnavalesca. Todos los otros comparten diferentes niveles de concientización de sus papeles y del papel de los otros. La viuda de Calvo, por ejemplo, le dice a Orozco, "No le permito echárselas de hombre malo y le arranco la careta" (R, p. 894). Otro caso semejante se encuentra en el diálogo entre Orozco y Santanita cuando aquél se dirige a éste con el deseo de ayudarle a salir de la difícil situación en que se encuentra frente a Federico. Después que el humilde muchacho le agradece a Orozco su generosidad, replica el segundo: "¡Qué exageración, qué tontería, qué final de comedia cursi!" (R, p. 893). Augusta, por otro lado, le pide a Viera que cambie la careta de su lenguaje. Ella se aferra, sin embargo, a la noción, vana, de que un cambio de máscara puede llevar al discurso de su compañero a un nivel lingüístico más genuino, o, si se quiere, menos artificial:

Palabrería, chico, palabrería. Estamos haciendo frases estúpidamente cuando lo que importa es hablar con claridad.... Ea, confianza, pues sin confianza no hay amor. Fuera caretas, perdis mío. Oye la palabra de Dios que sale de mis labios. (R, p. 907)

El discurso de Viera es el único que comprende, casi en su totalidad, la duplicidad de su palabra. Sabe éste que el lenguaje no sólo no es el medio más apropiado para expresar nada sino que tiene que vérsele, por definición, dentro de su verdadero contexto que es el juego. Este juego consiste en una invención de palabras, "Lo que yo he dicho cien veces: no hay bastantes palabras para expresar las ideas, y deben inventarse muchas, pero muchas más" (R, pp. 899-900); invención cuyas reglas tienen como base la reproducción y la reiteración de aquello ya dicho aunque invertido. Por consiguiente, lo que Viera no es capaz de reconocer es que lo que él denomina como invención no es otra cosa que un nuevo sistema de combinaciones textuales, de donde proviene una nueva palabra—no ya sólo la vierana—sino también y, especialmente, la galdosiana. Detrás de esta palabra "inventada" no se encuentra, ni se podrá encontrar nunca, *la* verdad de una realidad concreta sino más bien una serie de verdades pero vinculadas a su propio sistema de significaciones discursivas.

Consciente de su naturaleza intertextual, la narrativa galdosiana es una metanarrativa. Como tal, reconoce la naturaleza de su voz y de las voces de los diferentes textos que rodean la suya. Consciente de su estructura polifónica, de su duplicidad estructural, de su multiplicidad de significados y de su teatralidad, como consecuencia de las muchas máscaras que lo distinguen, la narrativa galdosiana juega con los discursos de sus personajes. Juego que consiste precisamente en querer brindarles a éstos la ilusión óptica de un lenguaje íntimo y directo, por un lado, y objetivo e indirecto, por el otro, pero que al hacerlo, revela su arbitrariedad. Juego que se manifiesta en los títulos de las obras: "la incógnita" basada en el enigma de la narrativa galdosiana; "realidad" basada en la duplicidad de la misma. Títulos irónicos, títulos marcados por la risa.

4
Doña Perfecta

LA ESTRUCTURA DIALOGICA de *Doña Perfecta* se distingue por la confrontación, violenta, de varios de sus textos, agrupados en los discursos de dos de sus personajes principales, el de Pepe Rey y el de doña Perfecta.[1] El del primer personaje contiene los textos originados en Madrid, mientras que el del segundo los de la provincia de Orbajosa. A través de la confrontación antagónica entre ambos discursos, estos textos, no obstante, van relativizando su aspecto violento. En el proceso de hacerlo, van perdiendo sus contornos impetuosos a medida que se va produciendo la palabra ambivalente de la nueva narrativa galdosiana.

Varios estudios se han hecho sobre el lenguaje en *Doña Perfecta* aunque con una orientación diferente de la nuestra. Matías Montes Huidobro, por ejemplo, se refiere a tres "direcciones" en el lenguaje de *Doña Perfecta*, las cuales coinciden con tres tipos de actitudes de los personajes novelescos. En primer lugar se encuentra el lenguaje de expresión directa, o sea aquél que se proyecta en un solo sentido. En segundo término se encuentra el lenguaje de doble filo, y, en el último, el de la protagonista de la obra, doña Perfecta.[2] Harriet S. Turner investiga, asimismo, el aspecto del lenguaje en esta novela. Según Turner, *Doña Perfecta* se caracteriza por ser una novela autoconsciente, constantemente sometida al proceso de llamar la atención hacia sí misma, hacia su léxico y hacia el uso de su léxico:

> This attention to language—to signs and speech and the absence of speech and to the many convoluted forms of wordplays and puns—subverts the very notion of language itself as a means of communication.[3]

Al igual que las novelas ya estudiadas, una de las características del lenguaje de *Doña Perfecta* se basa en la repetición de fórmulas lingüísticas (las citas y reminiscencias mencionadas) provenientes de discursos textuales, las cuales se expresan a través de voces anónimas y sin trazos: citas y reminiscencias que, según Roland Barthes, "carecen de comas invertidas."[4] En semejanza a las otras novelas analizadas, estas fórmulas, vacías a causa de la repetición, proceden también de una multiplicidad de textos. Stephen Gilman señala, por ejemplo, que la presencia del texto de Cervantes en esta obra galdosiana se manifiesta en la representación borrosa de Orbajosa, a lo que se debe que sólo la "comprendamos" pero no la "experimentemos."[5] Otro indicio de la presencia del texto cervantino en el galdosiano se refleja en la nomenclatura irónica de aquellos lugares feos y desolados de Orbajosa, como Villarrica y Valleameno. John W. Kronik señala, asimismo, la presencia del texto cervantino en el galdosiano, pero esta vez a nivel creativo del autor de *Fortunata y Jacinta*:

> Galdós, able heir to Cervantes, sensed in his own time the rich potential in using art as an instrument for commentary on art, and he did so throughout his career.... Galdós as a writer of fiction also functions as a critic of fiction because he is interested in displaying how fiction works.[6]

Gilman menciona también la participación del texto clásico en esta novela. El padre de Pepe Rey, por ejemplo, cita a Virgilio; don Inocencio se refiere al *Beatus Ille* de Horacio y en Orbajosa la soledad de Petrarca se ha convertido en una soledad espiritual.[7]

D. L. Sisto, por otro lado, sugiere la presencia del texto de Rómulo Gallego, *Doña Bárbara,* en la novela galdosiana en su artículo titulado "*Doña Perfecta* y *Doña Bárbara.*"[8] Chamberlin y Weiner señalan la presencia de la novela de Ivan Turgueneff, *Padres e hijos* (1861), en *Doña Perfecta,* aunque la relación, según ambos críticos, es más bien temática: el conflicto entre la vieja y la nueva generación.[9] El diálogo intertextual incorpora también textos de escritores franceses como *Eugénie Grandet* y *Les Paysans* de Balzac. En esta última novela Balzac desarrolla un tema semejante al de la novela galdosiana: el conflicto entre el campo y la ciudad.

El discurso de Pepe Rey, caracterizado por su multiplicidad y sus muchas y variadas texturas culturales, ejemplifica a nivel más concreto el fenómeno de la intertextualidad. Presentes se encuentran fórmulas retóricas provenientes del romanticismo, las cuales se repiten a menudo en aquellos instantes cuando Pepe se encuentra conversando con su novia. En uno de esos idílicos momentos en el huerto de la casa de Perfecta, le dice éste a Rosario, "Viéndote, se ve una vida celeste que por descuido de Dios está en la tierra; eres un ángel, y yo te quiero como un tonto" (p. 428).

La presencia del texto romántico confronta la noción que el protagonista mantiene de su propio discurso. Según Pepe Rey, su discurso está basado en un lenguaje fundado en la verdad y en una relación directa con la realidad. A su novia le dice, confirmando la opinión que ésta mantiene de su discurso, "Yo no hablaré contigo más lenguaje que el de la verdad" (p. 427). El narrador, con el tono irónico que caracteriza su narración, reacciona ante este concepto de Pepe cuando añade, "No admitía falsedades ni mixtificaciones, ni esos retruécanos del pensamiento con que se divierten algunas inteligencias impregnadas del gongorismo" (p. 416).[10] La idea de Pepe Rey de que a través del lenguaje se puede transmitir una realidad concreta lo lleva a sostener la noción de que el lenguaje es el espejo de los sentimientos, especialmente si éstos emanan "directamente" del corazón. En diálogo con Rosario afirma, "jamás digo sino lo que siento" (p. 427). Este concepto de su discurso se deriva de los preceptos románticos que establecen que la palabra, una vez liberada de aquellas instituciones que tradicionalmente la han aprisionado (como por ejemplo, la retórica), puede ser la fiel transmisora de emociones sentimentales.

El concepto que Pepe Rey mantiene del lenguaje en general es responsable de que el protagonista ataque los preceptos de aquellos textos religiosos que no se avienen a su propia ética discursiva. Para el sobrino de doña Perfecta, la falta de lógica o de razonamiento que despliega el discurso religioso de la vetusta provincia de Orbajosa es responsable de que sus enunciados sean falsos.[11] Decide, por lo tanto, confrontar la irracionalidad de este texto con la racionalidad del suyo. El texto anti-religioso de Pepe Rey se yuxtapone, no obstante, a otro que lo contradice. Recuérdese de que uno de los textos que se encuentran presentes en la caracterización discursiva de Pepe es, precisamente, el religioso. Ejemplos se encuentran en la personificación de Pepe Rey en la figura de Cristo como símbolo de salvación y de muerte, de Pepe Rey como medio redentor de Rosario, de Pepe Rey frente a la figura de Lázaro, y de Pepe Rey y el "sacrificio" de su muerte. A nivel del discurso estos aspectos de su texto religioso se manifiestan en la repetición que Pepe Rey hace de fórmulas derivadas de códigos religiosos. En un momento dado, por ejemplo, el joven enamorado le dice a su novia, "Levántate y sígueme. No te digo más." Rosario, imitando el modelo lingüístico que le presenta su prometido, responde, "Oyéndote, resucito" (pp. 456-57). A nivel intertextual se puede concluir que el texto anti-religioso subvierte el texto religioso del discurso de Pepe Rey, minando la autoridad de ambos y parodiándolos.

Pepe Rey se obstina en negar la multiplicidad textual que marca su discurso. Según él, su palabra sigue siendo aquélla que proviene directamente de un sólo texto: el texto positivista, basado en la razón. En un diálogo que sostiene con su tía le pide que su discurso venga respaldado por la lógica. Aferrado a la idea que la lógica del lenguaje es la única prueba de que la verdad está contenida en la palabra hablada, exclama, "Razones y no sentimientos me hacen falta. Hábleme usted, dígame que me equivoco al pensar lo que pienso; pruébemelo después y reconoceré mi error" (p. 463). Al concebir el lenguaje en términos positivistas quiere negarle a todo discurso, y especialmente al suyo, el aspecto múltiple que lo caracteriza.

Esta postura de Pepe Rey, de querer negar o de negarse a ver la multiplicidad que define no sólo su discurso sino también el del otro, crea el elemento de la risa que define a su palabra.

El aspecto risible del joven ingeniero se hace todavía más evidente cuando es la palabra idealizada, inocente, de Rosario la que revela la verdadera naturaleza del discurso de su novio. Le dice su prima, "No vengas ahora con artificios" o "no vengas ahora con palabrotas" (p. 426). El hecho de que Rosario sea la única capaz de desenmascarar el discurso de Pepe Rey, exponiendo su carácter múltiple y contradictorio, aumenta el elemento irónico de la palabra de Pepe Rey. Rosario, que en la primera parte de la novela expresa las voces de textos románticos por excelencia—sin elementos individuales que la distingan—es incapaz de pronunciar una sola palabra que no derive de patrones lingüísticos establecidos, especialmente aquéllos vinculados a las novelas de folletín. Dada esta distinción, o se podría decir más bien, debido a la falta de ella, parece imposible que sea el discurso de Rosario el que comprenda la falta de legitimidad en la palabra de Pepe Rey. Por lo tanto, el hecho de que de Rosario emane la única manifestación del doble filo de la palabra de su novio, produce en el lector el elemento de la risa al mismo tiempo que nos muestra la actitud irónica de la narrativa galdosiana frente a los discursos de los jóvenes amantes.

Otro de los medios por los cuales la narrativa galdosiana reacciona ante las múltiples máscaras lingüísticas de Pepe es a través de la voz irónica del narrador. Los enunciados del narrador sacan a relucir la artificialidad que caracteriza el discurso del protagonista. Reaccionando, por ejemplo, ante la idea que el joven mantiene de la "rectitud" de su lenguaje—rectitud que se manifiesta en su concepción absoluta del lenguaje como un instrumento científico—el narrador intensifica la metáfora "recta" de su discurso al añadirle otra metáfora, derivada esta vez del mundo bélico, "Sus palabras parecían, si es permitida la comparación, una artillería despiadada" (p. 465). Asimismo, la profesión de ingeniero del protagonista añade a su conceptualización del lenguaje. La ocupación de Pepe Rey se basa en la aplicación de una terminología científica. Su profesión apoya, por lo tanto, la ilusión que el protagonista mantiene de la "derechura" o "rectitud" de su discurso.

El discurso de los habitantes de Orbajosa se caracteriza, al igual que el de Pepe Rey, por la duplicidad de su palabra y por la multiplicidad de sus textos. La dualidad se manifiesta precisamente en el nombre del pueblo, Orbajosa. En su significación clásica, Orbajosa se definiría como la "ciudad augusta" mientras que en su etimología popular como la "ciudad de los ajos."[12] El discurso de Orbajosa refleja esta dualidad en su admirable capacidad de poetizar la realidad de un pueblo cuya distinción principal es la fealdad. Construye, por lo tanto, el discurso orbajosense frases poéticas y las antepone a un objeto antitético al código lingüístico. Montesinos, refiriéndose a esta habilidad de los habitantes de Orbajosa, escribe:

Doña Perfecta 51

En estos desnudos campos adornados de nombres poéticos, el tedio de una vida... ha convertido a los orbajosenses en quijotes de un tipo extrañísimo: deforman totalmente cuanto los rodea y cuanto hacen ellos mismos dejándolo irrecognoscible para el que no es de la tribu.[13]

Un rasgo especial del discurso de Orbajosa es la sinécdoque. Cada una de las palabras de sus habitantes representa el todo que es el discurso de Orbajosa: un todo que no puede prescindir de sus partes ya que de cada una depende para su formulación. Mientras que del discurso único de Pepe Rey surgen las diferencias textuales, en el caso de Orbajosa las varias texturas se compartimentalizan entre los diferentes personajes que componen el mundo discursivo de Orbajosa: don Inocencio, el texto religioso; don Cayetano, el texto histórico; el tío Licurgo, el texto jurídico; Caballuco, el texto bélico. Estas cuatro voces van a desembocar en la voz de doña Perfecta. Es ésta el elemento unificador de todas estas voces y es ésta la máxima representante del discurso de Orbajosa.

La distinción de la palabra de don Inocencio son sus textos religiosos. Su análisis revela, no obstante, que es una palabra de doble filo, de doble cara. Por un lado aparenta ser cándida, sin malicia. A medida que esta misma palabra se va desplegando en los pliegues de su propia voz nos va demostrando, sin embargo, su otro lado, basado esta vez en la duplicidad: doblez que se produce como resultado de su afán de dominio del discurso del "otro." Lejos de ser la palabra de don Inocencio "inocente," nos encontramos con un discurso cuyas características principales son la astucia y el disimulo. Su preocupación por el poder se proyecta en el deseo de penetración de su voz en todas las otras voces que contribuyen a la formulación del discurso de Orbajosa. Consigue hacerlo cuando logra infiltrar su discurso "inocente" a través de los "consejos" que éste les brinda a sus feligreses. La función del discurso clerical es, como nos lo asegura el narrador, la de repartir consejos y advertencias a los hombres y mujeres de Orbajosa. Como "repartidor" se apoya en aquellos textos vinculados a su segunda ocupación, la cual no es otra que la de ser maestro de latinidad y retórica. Esta segunda función, a la cual el narrador irónicamente se refiere como "noble," le brinda a la palabra religiosa las fórmulas necesarias para hacer de su discurso una poderosa arma de persuasión. Es precisamente de la latinidad y de la retórica de donde el cura obtiene "gran caudal de citas horacianas y de floridos tropos," que emplea "con gracia y oportunidad" (p. 417).

El discurso de don Cayetano Polentinos, el historiador de Orbajosa, comparte varias características con el de don Inocencio. Para empezar, son ambos ávidos de poder. Son también eruditos. La palabra de don Polentinos se basa, como la del primero, en la repetición de citas y reminiscencias literarias provenientes de la retórica y de la latinidad y en la aplicación de las mismas, aunque ya no en forma de consejos sino más bien en la composición de su obra histórica. Asimismo, con su *Linajes de Orbajosa* intenta dominar los otros discursos a través de la propagación de una ideología proveniente de textos cortesanos basados en los preceptos del honor del caballero: la hidalguía, la generosidad, el valor y la nobleza (p. 437). La diferencia entre el discurso de ambos personajes es que, mientras que don Inocencio propaga su discurso por medio de un texto oral, don Cayetano enfoca su misión propagandística en la escritura. Para el historiador, la escritura representa el medio más eficaz en su campaña de dominio ya que es a través de la palabra escrita que aspira abarcar un territorio más extenso, más amplio, que el que logra la palabra oral. Es tal la ambición del historiador que no se conforma con que su palabra se circunscriba a los límites de su pueblo. Desea vehementemente conseguir que su obra alcance el centro mismo de España, Madrid.

Don Cayetano concibe su obra como una "Memoria." Para su fabricación, el tío político de Pepe Rey se ve como un arqueólogo, cuya función radica en la excavación de "glorias pasadas" y en la demostración de la "continuidad histórica" de su región.[14] Para la estructura de esta obra adopta paradigmas de textos provenientes de la antigüedad clásica. Al nombre de su pueblo le asigna distinciones otorgadas en el pasado a las grandes ciudades romanas. Para él Orbajosa es la ciudad "urbs-augustana" donde crecen "con más lozanía las plantas y arbustos de todas las virtudes, libres de la hierba maléfica de los vicios. Aquí todo es paz, mutuo respeto, humildad cristiana" (p. 453). Para ensalzar la grandeza de su región utiliza el tópico horaciano del *Beatus Ille*, con el cual quiere dar énfasis a una libertad imaginaria que supuestamente experimenta el orbajosense al saberse alejado de la corrupción de la ciudad. El historiador describe a Orbajosa como un "lugar ameno" en donde "el carácter nacional [se percibe] en toda su pureza, recto, hidalgo, incorruptible, puro, sencillo, patriarcal, hospitalario, generoso" (p. 453). En este mundo idílico el hombre vive en armonía consigo mismo y con la naturaleza. Este ser privilegiado vive una vida de paz, de tranquilidad y de contemplación.[15]

El discurso de Reinaldos, de sobrenombre "Caballuco," representa el lenguaje del poder bruto, estólido. En mayor grado que los discursos de don Inocencio y de don Polentinos, el de Caballuco proyecta el aspecto violento de textos políticos y militares. Para empezar, su discurso da la impresión de llegar al lector en un estado de distorsión, debido a las faltas gramaticales en las normas del español convencional, lexicográficas y sintácticas. Sus oraciones son inconclusas y la relación entre ellas es arbitraria, sin un aparente vínculo que las una. Se encuentran con frecuencia la interjección "¿eh?" y la pregunta retórica "¿estamos?" La repetición continua de ambos elementos lingüísticos más la posición estratégica de ciertos enunciados ("y si . . . y si . . . y bien sabe la señora . . . y bien sabe la señora") en la estructura de su discurso nos lleva a la conclusión que el significado del discurso de Caballuco reside en el sistema acústico de sus signos lingüísticos. El significado de su discurso proviene, por consiguiente, del empleo de la onomatopeya: sonidos que imitan el sonido de las cosas con ellas significadas, los cuales podrían representar, como su apodo lo indica, los pasos de un caballo. Estos sonidos violentos son los que le dan la fuerza al discurso de Caballuco y los que apoyan su impetuosidad.

Dadas las bases onomatopéyicas del discurso de Caballuco y su aparente desarticulación, no es extraño que el centauro orbajosense se mantenga a cierta distancia de la retórica del discurso burgués. A sus compañeros les pide, por consiguiente, que no le "anden con gramáticas" (p. 473). La razón por la que Caballuco repudia la gramática burguesa la basa en que este tipo de discurso funciona al revés, invirtiendo el significado de los conceptos tal como él los concibe, "basta de *ritólicas,* basta de mete y saca de palabrejas y sermoncillos al revés" (p. 474). Lo que no comprende Caballuco es que al rechazar las "ritólicas" sólo está repudiando uno de los aspectos del discurso burgués ya que un aspecto intrínseco de éste, y del suyo también, es el de la violencia. Su palabra, breve, "la mitad de media palabra," es tan irascible y tempestuosa como la de todo discurso, sea éste burgués o no.

El discurso de Pedro Lucas, o del "tío Licurgo" como se le suele llamar en la novela, deriva del texto del derecho consuetudinario. La ley, tal como la concibe este personaje, se proyecta en los conceptos involucrados en un lenguaje ético y moral, de vena popular. Como tal, su palabra está basada en fórmulas lingüísticas provenientes de adagios y proverbios de la tradición oral española. El modelo literario de su discurso se encuentra en Sancho Panza. De ahí la referencia que el narrador hace de Lucas cuando lo compara a un "escudero" (p. 408). Al igual que la palabra de los personajes ya citados, la del tío Licurgo se caracteriza por la misma dualidad. En otro instante ha sido Pepe Rey quien ha desconfiado del discurso jurídico precisamente por la doble cara que lo define. Según el novio de Rosario, el discurso jurídico es "deshonesto," ya que argumenta, o defiende, la misma postura, "lo mismo en pro que en contra de las cuestiones" (p. 425).

La confrontación textual del discurso del "legislador lacedemonio"—apodo que le asigna el narrador—se manifiesta, por ejemplo, en los dos nombres bíblicos aunque antitéticos que componen su nombre de pila: Pedro y Lucas. Pedro, símbolo de apoyo y de confianza; Lucas, voz germánica, símbolo de juego, derivado de los naipes. El primer texto se manifiesta en la sabiduría jurídica que manifiesta a medida que despliega su discurso cargado de proverbios y de adagios populares. El texto opuesto, aplicado también a códigos vinculados a las leyes, conlleva el aspecto de agilidad, de ardid judicial, con miras al propio provecho. Este contradice los aspectos positivos de aquél; aquél rechaza la negatividad de éste: debate al que se entregan ambos y del cual no saldrá ninguno de los dos victorioso.

Como intérprete de la ley, otra de las funciones del discurso legislador orbajosense es la de servir de traductor entre los diferentes discursos, facilitando, en lo más posible, la fluidez de la comunicación. En un diálogo entre doña Perfecta y Caballuco, la madre de Rosario utiliza una palabra desconocida para el centauro: "confabulado." Al oír este vocablo Caballuco duda sobre cuál debería ser su reacción correcta. Licurgo, en el papel de intérprete, transfiere esta palabra al nivel popular de Caballuco, "Que están de compinche.... Fabulearse quiere decir, estar de compinche" (p. 473). La ironía de la traducción se manifiesta en el hecho de que el mismo Lucas no sabe pronunciar el término correctamente, señalando su poca familiaridad con la palabra. La corrección de su interpretación nos lleva a concluir, no obstante, que Licurgo es un diestro traductor del lenguaje burgués. Su habilidad se basa en saber interpretar textos que su propio discurso desconoce pero que logra hacerlo, basándose concretamente en el contexto lingüístico/cultural de dichos textos.

Dos elementos distinguen el discurso de doña Perfecta. El primero es su capacidad de manipulación de los discursos de Orbajosa. El segundo, vinculado al anterior, es su deseo de poder ante el discurso dominado. Sobre ambas características, señala el narrador, "Era maestra en dominar, y nadie la igualó en el arte de hablar el lenguaje que mejor cuadraba a cada oreja" (p. 496).

Varios textos participan del discurso de la protagonista. Matías Montes Huidobro ha señalado correctamente que la multiplicidad de facetas de las que se compone el lenguaje de doña Perfecta representa "toda una unidad social y política."[16] Con estos textos ejerce la protagonista "su dominio" y logra "la destrucción en caso necesario."[17] Entre los textos presentes en el discurso de doña Perfecta tenemos aquéllos que derivan de manuales de conducta materna. Estos textos se encuentran orientados principalmente hacia su hija, aunque en momentos también los vemos utilizados en sus diálogos con Pepe Rey. El narrador se refiere a uno de estos momentos expansivos del discurso materno, orientado, esta vez, hacia Rosario, "¿A qué vienen esos lloros?—dijo su madre abrazándola—. Si son lágrimas del arrepentimiento, benditas sean" (p. 497). Aún en esta cita, como en muchas otras, se vislumbra el diálogo entre el texto religioso—que parece dominar el discurso de doña Perfecta—y otros textos. Múltiples citas y reminiscencias del dogma católico se encuentran en los muchos enunciados de la madre de Rosarito. Sirva de modelo la siguiente conversación que mantiene la protagonista con Pepe Rey:

> Me guardaré muy bien de vituperarte porque creas que no nos crió Dios a su imagen y semejanza, sino que descendemos de los micos; ni porque

niegues la existencia del alma, asegurando que ésta es una droga como los papelillos de magnesia o de ruibarbo que se venden en la botica. (p. 431)

El texto religioso se confronta, a su vez, con citas de textos científicos, entre los cuales sobresalen preceptos de *Del orígen de las especies por medio de la selección natural* de Charles Darwin, y del campo de la medicina. Presentes se hallan, asimismo, textos bélicos de donde se origina la frase con la que ordena la tía de Pepe Rey la muerte de su sobrino.

La facilidad con que la protagonista controla los varios textos de su discurso es uno de los elementos que han contribuído a que doña Perfecta haya alcanzado la posición de superioridad de la que goza en Orbajosa. Es esta facilidad en el manejo de sus textos, asimismo, responsable de que su palabra haya llegado a alcanzar la posición de una máxima autoridad discursiva. Doña Perfecta se arroga la posición de mando sobre todos los orbajosenses. Es esta palabra, al mismo tiempo, la que establece un diálogo con Pepe Rey, y, a través de éste, con los textos madrileños. Ansiosa de poder, de dominio del discurso "oficial," se entrega a un avasallador intercambio verbal del cual se encuentra segura de salir victoriosa.

Doña Perfecta se refiere al discurso de Orbajosa, y al suyo propio, como el de la "nación real." En consecuencia de esta percepción, el léxico que domina su palabra proviene de textos políticos y religiosos cuyos lemas giran alrededor de tales clichés como la opresión y la resignación. El último texto que participa del discurso de doña Perfecta es el del silencio. Ella misma señala que los discursos de Orbajosa son aquéllos que "callan." La opinión que ella manifiesta sobre la relación del discurso de Orbajosa con el silencio la corroboran también sus conciudadanos. Como muestra basta la confirmación de don Inocencio cuando declara, "Yo, como sacerdote, no puedo aconsejar tal cosa.... Llevo mis escrúpulos hasta el extremo de no decir una palabra.... permítaseme un discreto silencio" (p. 475). Se podría añadir, asimismo, que el silencio del discurso de Caballuco se manifiesta en la negación, en el rechazo, de la gramática del discurso burgués ya señalado.

El discurso de doña Perfecta es cerrado. Como tal, imposibilita, o, más bien, trata de imposibilitar toda intención de penetración de la voz del otro en la suya, ya sea ésta la de Orbajosa o la de fuera. Semejante al personaje mismo, con sus hábitos y su sistema de vida—de quien señala el narrador que "se había labrado una corteza, un forro pétreo, insensible, encerrándose dentro, como el caracol en su casa portátil" (p. 497)—el discurso de la madre de Rosario es privado, cerrado al mundo exterior. Pepe Rey trata de conseguir lo que otros no han podido hacer: penetrar el discurso del poder, vencerlo y, como resultado, dominarlo. Este acto de violencia es, sin embargo, contraproducente para el sobrino, dado que de la intención de la apertura del discurso de su tía, proviene la destrucción de su propia voz. El tratar de traspasar los límites lingüísticos del discurso dominante trae consigo, no obstante, el silencio perpetuo de la palabra del antagonista madrileño. Habría que señalar, sin embargo, que el discurso íntimo de doña Perfecta sí logra abrirse, pero no ante la palabra oral del otro sino más bien ante la escritura. El "pupitre," símbolo en este caso del proceso escritural, es el "confidente único de sus planes" (p. 497). La relación de Perfecta con la palabra escrita confirma aún más todavía el deseo de poder de la protagonista galdosiana.

La capacidad de destrucción de doña Perfecta se refleja en la incorporación, y manifestación, como parte de su discurso, de signos lingüísticos derivados de textos de animales. Embarcada en el proceso de inutilizar al amante de su hija, la voz femenina adopta citas provenientes de estos textos, las cuales van en aumento a medida que va logrando la deterioración, el silencio, del discurso madrileño. Sus pasos se convierten en "saltos" (p. 498), su figura humana adopta formas animalescas, como la de una "culebra" (p. 499), o la de la "raza felina" (p. 499). Su palabra se convierte en "rugido" y en "bramido" (p. 498).[18] En el momento en que ordena la destrucción final de la voz de Pepe Rey, el texto que sale a la superficie es de carácter bélico: "Su voz ronca, que vibraba con acento terrible, disparó estas palabras: —Cristóbal, Cristóbal..., ¡mátale!" (p. 499). Con este último texto la palabra del poder muestra su verdadera cara y el elemento que lo une a los otros discursos, incluyendo al de su sobrino: la violencia. La palabra destructiva en el discurso de la tía de Pepe Rey es, no obstante, contraproducente ya que—como lo verifica el final de la novela—al silenciar la voz de su contrincante el discurso femenino acalla su propia voz.

El elemento principal que caracteriza a cada uno de los discursos estudiados y el que les da un aspecto de cohesividad es el deseo que todos ellos mantienen de poder dominar el discurso del otro. Este hambre de poder es el que conduce a sus textos a confrontarse a través del diálogo. Anclados en la esperanza de devastar al otro, cada texto preve un final feliz. Tal es el caso de los textos subyacentes a los discursos orbajosenses frente a Pepe Rey y el de los del ingeniero madrileño frente a los "urbsaugustianos."

Los discursos de Orbajosa desconfían del de Pepe Rey desde el primer momento. Cuando el tío Licurgo, por ejemplo, recoge al joven ingeniero en la estación de tren, su reacción es bastante evidente, "Desde que le vi en la estación de Villahorrenda y me habló con su voz melosilla y sus mimos de hombre cortesano... le tuve por un grandísimo..." (p. 472). Los "mimos" a los que se refiere el legislador serían aquellos conceptos derivados de textos de Pepe Rey, conceptos basados en lo que los orbajosenses consideran como "herejías liberales." El discurso "cortesano" es, para éstos, el madrileño. Como tal, es aquél que "firma al pie de los decretos," aquél que "pronuncia discursos" y aquél que "hace una farsa de gobierno, y una farsa de autoridad" (p. 482). En resumen, el discurso oficial de Madrid es, para los orbajosenses, "aparente" y "ficticio." Esta actitud la resume mejor que nadie Caballuco cuando exclama, "En Madrid, la corte de donde vienen leyes y mandarines, todo es latrocinio y farsa" (p. 476).

La falta de confianza en Pepe Rey se manifiesta, por otro lado, en el vocablo de "artista" que el "venerable plenipotenciario," (p. 85) don Inocencio, le designa al joven visitante cuando insiste en que "[e]l señor don José es artista" (p. 432). Para el padre espiritual de Orbajosa, un artista es una persona alejada de cualquier asunto que tenga un trasfondo moral o religioso. La falta de preocupaciones y de inquietudes de esta índole se manifiesta, según él, en la "costumbre [de] adorar la forma, no la idea" (p. 432).

Como representante del discurso oficial, burocrático, de Madrid, el de Pepe Rey carece—para los habitantes de Orbajosa—de individualidad. En lugar de un discurso singular, que obre según su propio albedrío, lo ven en una relación de dependencia con el lenguaje oficial. Esta conexión es para ellos otro de los aspectos luciferinos de la palabra del joven ingeniero. Como tal, los adjetivos que acompañan la definición de su palabra son la "blasfemia," el "sacrilegio," el "ateísmo" y la "demagogia" (p. 482). El conjunto de todos estos epítetos logran el mal que, conforme a su tía, afecta a Pepe Rey. Este mal es, según ella, de vena moral y física. De ahí que las palabras que doña Perfecta le aplique a su sobrino en aquellos momentos en los que desea romper su resistencia sean "plaga" y "secta."

El primer encuentro de Pepe Rey con Orbajosa representa para el discurso del joven ingeniero la etapa de iniciación, su rito de pasaje. Cuando recién llega a Orbajosa, sus habitantes juegan con su discurso, lo manipulan, lo guían por aquellos senderos lingüísticos de donde Pepe saldrá, primero, desorientado y cabizbajo. No obstante, a medida que va participando del diálogo con el discurso del otro, su voz irá sufriendo transformaciones importantes. Estos cambios serán el resultado de las nuevas combinaciones textuales con las que va experimentando el discurso madrileño en su estadía en la vetusta ciudad. Estas mutaciones reflejan, asimismo, el conocimiento progresivo que el discurso del muchacho va adquiriendo respecto a la arbitrariedad y a la ambigüedad que distingue a todo lenguaje, incluyendo el suyo.

Desde el primer momento en que Pepe Rey empieza a experimentar este nuevo estado de concientización lingüística, lo vemos embarcado en actividades que manifiestan este reciente descubrimiento. Conocedor ahora de la arbitrariedad que caracteriza a todo el lenguaje, aprovecha las muchas posibilidades de jugar con éste, de manipularlo para la satisfacción de sus propios intereses y, finalmente, de poder aniquilar, aplastar de una vez por todas, la palabra antagónica de Orbajosa. Se apoya, por ejemplo, en las palabras de otros, haciéndolas pasar por suyas. Tal es el caso de su relación con Pinzón después que sale de casa de su tía. Otro ejemplo sería la sustitución de la palabra escrita por la oral—en las notas dirigidas a Rosario. Siguiendo el paradigma celestinesco, utiliza a una tercera persona como mediadora de su palabra. Librada es, en este caso, la mensajera de recados y amorosas esquelas. También nos encontramos con la presencia de un silencio fingido, como cuando quiere darle a Rosario la impresión de su ausencia.

Pepe Rey está consciente de estos cambios. En una carta a su padre confirma esta conciencia cuando menciona la transformación que ha sufrido su discurso al pasar de un estado inocente a otro marcado por la duplicidad, "¡Yo que era la verdad misma! He perdido mi propia hechura" (p. 493). Esta aparente aflicción en la voz del muchacho indica, sin embargo, que éste comienza a tener dificultades en aceptar la arbitrariedad como uno de los aspectos básicos de su discurso. Aferrado a las nociones de la "rectitud" y de la "razón" desarrolladas al principio de este análisis, se obstina en seguir manteniendo la posición de superioridad que, según él, emana de todo discurso como resultado de sus bases positivistas. Teniendo en cuenta esta actitud, no sorprende que se culpe a sí mismo de haber permitido que la "falsedad" penetre en su palabra. En una carta escrita a su padre, le dice, "Lo que más amarga mi vida es haber empleado la ficción, el engaño y bajos disimulos" (p. 493).

Pepe Rey termina, no obstante, por aceptar el elemento antagonista de su discurso y el que él no había querido, o se había negado a comprender hasta entonces. Admite, por lo tanto, el aspecto de la violencia como una parte integral de su discurso, al mismo tiempo que va minimizando la importancia del texto "racional" al que tan desesperadamente había estado aferrado hasta este momento. En el instante en el que acepta esta nueva noción se da cuenta que esta característica negativa no sólo es una parte esencial e intrínseca de su discurso sino que también forma parte del discurso del otro. De ahí que en tono de resignación, confronte a su tía con las siguientes palabras, "Creo que ambos carecemos de razón. En usted, violencia e injusticia; en mí, injusticia y violencia. Hemos venido a ser tan bárbaro el uno como el otro" (p. 466).[19]

Otro rasgo del aspecto carnavalesco del lenguaje en la narrativa de *Doña Perfecta*, se proyecta en la contraposición de las imágenes de vida/muerte que la domina.[20] El pueblo de Orbajosa es un "sepulcro, donde una ciudad estaba, no sólo enterrada, sino también podrida" (p. 413). Esta descripción se opone a la noción del *Beatus Ille* que el padre de Pepe Rey le había inculcado a su hijo del vetusto pueblo, "allí despierta la dormida fe, y se siente vivo impulso indefinible dentro del pecho, al modo de pueril impaciencia que en el fondo de nuestra alma grita: 'Quiero vivir'" (p. 416). La imagen de ruina y muerte de Orbajosa se opone, asimismo, a la imagen de alegría y de vida contenida en la llegada de los soldados al pueblo:

Doña Perfecta 59

La ciudad era tristeza, silencio, vejez; el ejército, alegría, estrépito, juventud. Entrando el uno en la otra, parecía que la momia recibía por arte maravillosa el don de la vida, y bulliciosa saltaba fuera del húmedo sarcófago para bailar en torno de él. (pp. 458-59)

El elemento antitético se manifiesta, por otro lado, en el tratamiento de luz/obscuridad que prevalece también en la novela, y que ha sido muy bien visto por Jennifer Lowe en su artículo "Theme, Imagery and Dramatic Irony in *Doña Perfecta.*"[21] Uno de los capítulos de la novela de Galdós se titula precisamente "Luz a oscuras."

Un elemento sumamente interesante del aspecto carnavalesco de la narrativa galdosiana en esta novela llega vinculado al aspecto "angelical" que le asigna el narrador a los discursos de Rosarito y de su madre. Semejante a un heraldo, un "ángel"—nuncio, mensajero—es aquél que lleva un aviso, noticia o encargo de un sujeto a otro, enviado a él para este efecto. Como "nuncio," es natural, por lo tanto, que en la narración se le dé un especial énfasis a la cualidad de la voz de cada una de las mujeres. La voz de Rosario en la primera parte es "pura, grave, angelical, conmovida" (p. 457). La de su madre, por otro lado, se proyecta "lanzando palabras como rayos" (p. 498) y rugiendo más que hablando (p. 498). Otra vez, vemos cómo en una sola imagen se representan los polos opuestos de una antítesis. Esta llega marcada por el lado positivo y por el lado negativo de una misma ecuación.

Las cualidades angelicales de Rosario—antepuestas por el narrador y por su novio—se van transformando, no obstante, a medida que va progresando la narración. De un estado angelical—dulce y apacible—en la primera parte de la novela, pasa a ser un "ángel dispuesto a rebelarse" (p. 497) en la segunda. Una característica semejante se le aplica al discurso de doña Perfecta. Mientras que en la primera parte se le representa como el "ángel titular," en la segunda ha llegado a ser el ángel de la "discordia" (p. 497). Además de representar los dos polos opuestos de una misma imagen, y, por consiguiente otro de los aspectos del lenguaje ambivalente de la narrativa galdosiana, la presencia del término "ángel" es importante por otra razón. Como "mensajera," la voz de Rosario comunica el texto proveniente del amor cortés. La pasión cobra en este personaje la forma de divinización del ser amado. Por otro lado, el mensaje de doña Perfecta tambien está basado en la difusión de un texto bíblico. En oposición al texto de su hija, sin embargo, el propósito fundamental del suyo es el de eliminar, de aniquilar, el de los otros, inclusive el de su hija. A eso se debe que otro de los textos de la figura maternal, también de origen bíblico, sea el de la Manzana de Edén o el de la Manzana de la Discordia.

Por último, el elemento carnavalesco que distingue el discurso de Pepe Rey y el de doña Perfecta, sale a relucir cuando se le antepone el de otro tipo de textos, tan violento y agresivo como el primero. Se trata nada menos que de aquél que proviene de los animales y de las cosas. Varias referencias se encuentran al aspecto discursivo de los animales y de los objetos en general: "los insectos de la noche hablaron" o "las gallinas... murmuraron." De los objetos sabemos que el reloj dice "no," que el vapor lanza un "aullido estrepitoso," que las herraduras "retumbaban con estridente sonsonete," que el túnel "clamoreaba... con su enorme voz," que las celosías hacían un "singular chasquido" y que el Ave María "sonaba como un quejido enfermizo." Los mismos elementos desorganizadores, arbitrarios, violentos, de los discursos de los personajes de la novela caracterizan al segundo. Un ejemplo lo encontramos en la referencia al diálogo entre los pajaritos de los cuales menciona el narrador que armaban una "espantosa algarabía." La charla de ellos "parecía a veces recriminación y disputa, a veces burla y gracejo" (p. 428).

Un caso semejante de la carnavalización de la narrativa galdosiana procede de textos basados en la vida discursiva de los insectos. Las palabras que emiten son "misteriosas" y su manifestación se logra a través de ruidos y chirridos: "Aquí, un chirrido áspero; allí, un chasquido semejante al que hacemos con la lengua; allá, lastimeros murmullos; más lejos, un son vibrante parecido al de la esquila suspendida al cuello de la res vagabunda" (p. 454). El diálogo en este mundo es parecido al de los humanos, impulsivo y tempestuoso. Los pájaros no sólo manifiestan "insolencias" sino que terminan "dándose de picotazos y agitando las alas" (p. 428).

Frente a este mundo lingüístico exótico, misterioso, donde las palabras se transforman en sonidos discordes y en chirridos, se levanta el discurso de los personajes galdosianos. El caos, la arbitrariedad y la violencia que distinguen el discurso de los primeros son los mismos que distinguen el discurso de Pepe Rey y el de Orbajosa. Esta aproximación es, sin embargo, irónica, ya que la yuxtaposición del primero al de los personajes de *Doña Perfecta* tiene el propósito fundamental de sacar a relucir el aspecto carnavalesco y paródico que distingue al segundo. La antítesis creada por estos dos discursos manifiesta con claridad la ilusión vana de los protagonistas de creerse seguros de su propio discurso. Ciegos a la realidad del lenguaje, cada personaje se aproxima al otro, seguro de sí mismo y seguro de su posición de superioridad. Esta seguridad fatua los lleva a defender sus territorios lingüísticos y a tratar de dominar el de los otros. Para lograrlo, se colocan en una actitud de confrontación que hace, por ejemplo, que Pepe Rey exclame, "La batalla será terrible. Veremos quién sale triunfante" (p. 454). Esta batalla es, por definición, vana e ilusoria ya que el único vencedor no es, ni podrá serlo, ni el discurso de Pepe Rey ni el de doña Perfecta. Vencedor único es el lenguaje mismo, lenguaje que, por su ambigüedad, por su arbitrariedad que lo distingue, es escurridizo. Propiedad de todos pero, al mismo tiempo, propiedad de nadie, es la distinción esencial de la palabra carnavalesca de *Doña Perfecta*.

La parodia se intensifica aún más cuando ambos discursos se confrontan a la escritura. No debemos olvidar que la palabra escrita hace acto de presencia desde las primeras páginas de la novela. Se hallan, por ejemplo, las referencias a las cartas del padre de Pepe Rey por doña Perfecta, las de ésta a su hermano, la que sale de Madrid en forma de leyes, las cartas de don Polentinos dirigidas a Madrid, la "Memoria" de *Linajes de Orbajosa* del ilustre erudito y las varias notas que Pepe Rey le envía a Rosario.

El final de la novela es aún más ilustrativo: el aspecto de la oralidad de los varios textos ha desaparecido. En su lugar se encuentra la palabra escrita. El discurso oral de Pepe, por ejemplo, se ha transformado totalmente en un texto escrito: la nota final dirigida a su prometida y las cuatro cartas a su padre. La primera epístola es larga, llena de detalles. La última, fechada el 20 de abril, consiste en un exiguo párrafo compuesto de cinco oraciones cortas. La brevedad de esta epístola final nos lleva a compararla con un telegrama en su estilo directo y conciso. Observamos, asimismo, que en esta última misiva, el léxico adquiere un aspecto violento en el uso de los negativos y de la frase hiperbólica: "no puedo escribir más," "mucho," "Todo concluirá" y "No me escriba usted más" (p. 495). La violencia que marca esta última carta aproxima la escritura a la palabra oral analizada de antemano. Se podría conjeturar, no obstante, que Pepe Rey recurre a la escritura como la última tentativa de afirmarse en un terreno hostil a su palabra oral, a su voz. Esta hipótesis resulta, no obstante, inválida ya que es en esta última carta en la que finalmente acepta su frustración y su derrota final. Evidente también es, sin embargo, que al culminar su presencia con textos basados en la escritura es ésta la que mantiene las riendas del poder. En otras palabras, la facilidad y la firmeza con las que la escritura sustituye la oralidad nos indica la posición de dominio absoluto que parece adquirir el signo gráfico.

Un lector cuidadoso no puede dejar de notar, sin embargo, que las cartas de don Cayetano Polentinos a "un su amigo" de Madrid cierran la narración en la novela de Galdós. También se puede dar cuenta que el capítulo final no tiene título o nombre que lo distinga. Su contenido consiste, además, de dos oraciones solamente.

Algunos críticos han dirigido su atención a lo que ellos consideran el final "extraño" de esta novela. Casi todos ellos concuerdan en la idea de que el término de la obra es el resultado de la falta de experiencia por parte de un escritor novicio. Rodolfo Cardona en su Introducción a *Doña Perfecta* resume esta postura al referirse a lo admirablemente bien organizada que se encuentra la obra, con excepción del abandonado final. Escribe Cardona: "El final que podríamos denominar tragicómico...desnaturaliza completamente el carácter de doña Perfecta, tan bien trazado por Galdós hasta este momento, y nos remite a un ambiente grotesco que era todo lo contrario de lo que el autor se había propuesto."[22] El estudio que hemos hecho basado en la intertextualidad nos lleva, sin embargo, a diferir de este criterio. Nosotros somos de la opinión que la presencia de la escritura que cierra la novela no responde a ninguna falta de experiencia por parte del autor ni a un descuido en la formulación de su obra. Al contrario, la presencia de las cartas confirma toda la dialéctica textual que caracteriza la estructura carnavalesca desde sus comienzos. Al cerrar Galdós su obra con un texto basado en la palabra escrita demuestra, una vez más, la insensatez de la noción del lenguaje mantenida por cada uno de los personajes. Lo hace, precisamente, al negarles los textos orales que han contribuído a la manipulación verbal. Con este silencio desenmascara el novelista la ilusión de los discursos protagonistas de creerse los vencedores en el intercambio verbal en el que han estado sometidos al mismo tiempo que pone de manifiesto la incapacidad de los discursantes de poderse transmitir entre ellos mismos discursos cuyo fin es la derrota verbal del otro.

Por otro lado, al concluir Galdós su obra con un texto escrito—la carta de Cayetano Polentinos "a un su amigo," sin nombre que lo distinga—apoya la narrativa galdosiana dos de sus aspectos esenciales. En primer lugar, se encuentra la calidad de anonimato que es la base de todo texto, ya sea éste oral o escrito. En segundo término, cuando el memorialista se refiere, una vez más, a los dos pliegos adicionales que piensa añadir a su obra confirma Galdós el aspecto intertextual que domina su narrativa y, por lo tanto, su inhabilidad de consumar, de manera terminante y definitiva, cualquier tipo de comunicación. Por otro lado, siguiendo el paradigma del "ilustre" orbajosense descubierto por Cayetano, del cual señala el historiador que su distinción principal fue la de no hacer nada, "absolutamente nada" (p. 502), la novela de Galdós les niega a los dos discursos dominantes el cargo de autoridad que se han querido imponer a través de la novela. Semejante al "ilustre" de la vetusta ciudad, el lenguaje de la narrativa galdosiana no tiene ni puede desempeñar otra función que no sea la de jugar con sus múltiples máscaras textuales. La brevedad final de la carta de Pepe Rey y la brevísima advertencia del capítulo XXXIII que cierra la obra con: "Esto se acabó. Es cuanto por ahora podemos decir de las personas que parecen buenas y no lo son" (p. 502), simboliza el silencio progresivo de los textos escritos y el de los textos orales. Ambos terminan reduciéndose a la nada, al mutismo.

En conclusión, con la elaboración de todos estos elementos, *Doña Perfecta* pone al descubierto las máscaras textuales que caracterizan a la palabra carnavalesca. Al cerrar la novela con una referencia más al *Linaje de Orbajosa*—memoria que, como ya se ha visto, está basada en la duplicidad de sus signos y en la combinación de sus textos—señala la narrativa galdosiana la ambigüedad que marca su lenguaje carnavalesco: lenguaje que parece ser lo que no es y que es lo que no parece ser. Semejante al último "ilustre" de Orbajosa, cuya distinción fue el rechazo, la nada, niega la narrativa de Galdós las diferentes funciones que los discursantes han querido asignarles a sus propios discursos y al negarlas exterioriza su artificialidad. Al igual que los personajes al final de *Doña Perfecta*, "que parecen buenas y no lo son" (p. 502), la palabra carnavalesca en la narrativa de Benito Pérez Galdós parece ser lo que no es y es lo que no parece ser.

5
Fortunata y Jacinta

FORTUNATA Y JACINTA es una novela polifónica donde conviven una serie de voces, múltiples y variadas, en el espacio intertextual que define la novela galdosiana.[1] Estas voces, de lenguajes y de estilos diferentes, forman el "collage" mencionado, cuya estructura está basada en un tejido de idiomas y de traducciones, pasadas y presentes. Estas voces, unidas por medio del proceso de asociaciones, crean una falta de orden e impiden una organización basada en jerarquías textuales. Por último, estas voces son anónimas, sin trazos, aunque son textos ya leídos. En *S/Z* Barthes percibe el texto literario como un conglomerado de voces que se entrecruzan, que se interconectan, creando, como resultado, la pluralidad que lo caracteriza. La convergencia de estas voces se funde en el espacio estereográfico que es la escritura. En otro libro Barthes confirma esta misma postura cuando escribe que "a text is not a line of words releasing a single 'theological' meaning (the 'message' of the Author-God) but a multi-dimensional space in which a variety of writings, none of them original, blend and clash."[2] Stephen Gilman, refiriéndose específicamente a la narrativa de Galdós, señala que cada una de sus novelas "constituye una *summa* del español del siglo XIX, una *summa* que no sólo registra cuanto hay de registrable, sino que también revitaliza la lengua, puesto que entrega ese tesoro al orden vivo del fluir temporal."[3]

El análisis intertextual de *Fortunata y Jacinta* se hará en dos partes. En la primera, se explorarán las diferentes voces textuales que componen el espacio narrativo de una de las novelas más importantes del siglo XIX. Estas voces provienen de una multiplicidad de textos, antiguos y contemporáneos, literarios y no-literarios. Robert M. Jackson se refiere, por ejemplo, al diálogo que se establece entre la novela de Galdós, *Fortunata y Jacinta*, la novela de Clarín, *La Regenta*, y la de Flaubert, *Madame Bovary*. Para Jackson, Ana Ozores es la respuesta al quijotismo de Emma Bovary, mientras que a Ana se le ve representada en la enorme atracción de Maximiliano Rubín por la literatura.[4] En la segunda sección se analizarán las voces textuales provenientes de los diversos estratos sociales entre las que se distinguen principalmente dos: las de las clases marginadas y las de la burguesía. Se culminará esta parte del estudio con la voz del silencio: voz ambigua cuya retórica tiene la función de cuestionar las voces procedentes de textos burgueses y patriarcales del siglo diecinueve.

En *Fortunata y Jacinta* cada personaje dialoga con las voces de textos literarios que provienen de la tradición oral o escrita. En estos textos busca, y obtiene, el personaje las fórmulas discursivas que le son necesarias e imprescindibles para la expresión de su discurso. Jacinta, por ejemplo, conversa con sus novelas de folletín y sus piezas de teatro. Fortunata dialoga con un texto romántico cuyos orígenes se remontan a novelas como *Manon Lescaut* y *La dama de las camelias*. Juanito Santa Cruz se mantiene en contacto con el texto mítico de don Juan. Guillermina Pacheco, la "rata eclesiástica," como suelen llamarla cariñosamente sus amigos, dialoga con un texto literario seudo-burgués, de vena religiosa, el cual se propaga en la prensa católica del siglo XIX y en el cual se le predica, al público femenino especialmente, la necesidad de una actividad catequizante orientada a la caridad y al consuelo de las "clases marginadas."[5] Maximiliano Rubín adopta, entre otros, *Don Quijote*, como su modelo discursivo. El texto del bueno de José Ido del Sagrario es una mezcla híbrida de la obra de Calderón de la Barca y de la novela de folletín. Este simpático personaje, además de imitar las voces de modelos literarios, es escritor y corredor de novelas populares.

A medida que las voces de cada personaje van surgiendo, cargadas de citas y de reminiscencias, van estableciendo conversaciones con las voces de los otros personajes. Como resultado, se va creando un complejo tejido textual del cual participan no sólo estas voces sino también las de los diferentes textos subyacentes que alimentan las voces de cada personaje. Uno de los diálogos entre Juanito Santa Cruz y Jacinta, a principios de la novela, servirá como ejemplo para demostrar las complejas relaciones del sistema dialógico en esta obra. En el capítulo titulado "Luna de miel," Juanito y su esposa se encuentran conversando sobre los pasados amoríos del flamante esposo cuando la conversación recae en las relaciones que éste había tenido con una muchacha del pueblo llamada Fortunata. Utilizando el paradigma lingüístico del mito de don Juan, el discurso del delfín despliega su papel de seductor con el uso del adjetivo posesivo, la reducción de la mujer a una condición inferior al yuxtaponerle imágenes del mundo animal y el uso del diminutivo: "La mía..., un animalito muy mono, una salvaje . . ." (p. 50).

La voz del discurso de Juanito es recibida por Jacinta, la cual tiene como su referente tres textos: el folletinesco, el dramático, y el operático. El narrador, en diálogo con el lector, señala el proceso involucrado en la recepción de la voz de Juanito por su mujer:

Fortunata y Jacinta 67

> Jacinta... tenía una clara idea de estos pactos diabólicos por lo que de ellos había visto en los dramas, en las piezas cortas y aun en las óperas, presentados como recurso teatral, unas veces para hacer llorar al público y otras para hacerle reír. (p. 51)

El proceso por medio del cual Jacinta reacciona y responde a los textos presentes en la voz de su marido pasa por tres etapas distintas. En primer lugar, los textos presentes en Jacinta se ponen en movimiento al ser estimulados por la voz del delfín. La segunda etapa consiste en la interacción de los textos de Jacinta con aquéllos presentes en la voz de Juanito. Esta interacción produce, a su vez, una extensión o una amplificación de las estructuras narrativas en el discurso de Jacinta. Estas tres etapas se manifiestan en la siguiente declaración de Jacinta ante la versión narrativa que le había presentado momentos antes su esposo:

> El hombre bien criado y la mujer ordinaria no emparejan bien. Pasa la ilusión, y después, ¿qué resulta? Que ella huele a cebolla y dice palabras feas... A él..., como si lo viera..., se le revuelve el estómago, y empiezan las cuestiones. El pueblo es sucio, la mujer de clase baja, por más que se lave el palmito, siempre es pueblo. (p. 52)

Los textos de Jacinta, al confrontar los de Juanito, han sufrido una transformación. De los tres textos presentes en el ejemplo anterior, el folletinesco ha asumido una postura de dominio ante los otros dos textos. En este mundo del folletín aparecen dos personajes indispensables a toda narración folletinesca de tipo romántico, un hombre y una mujer enamorados. Siguiendo los patrones de la literatura popular, el amor de ambos se confronta a un obstáculo, el cual amenaza la culminación de sus sentimientos amorosos: impedimento basado en la disparidad de clases de ambos personajes. El proviene de la "clase alta" mientras que ella pertenece al "pueblo."

El texto folletinesco de Jacinta manifiesta una interferencia de ciertos textos cargados de un contenido ideológico proveniente de la burguesía española de la época de Galdós. Los adjetivos adjuntos a las nomenclaturas de clase indican la inflexibilidad ideológica que caracteriza los textos de esta clase y que Jacinta asimila en su discurso. Sí, él pertenece a la "clase alta" o lo que en este caso equivale a lo "bien criado"; ella, mujer del cuarto estado, equivale a lo "ordinario" mientras que el pueblo a lo "sucio." No obstante, como resultado de la confrontación de estos dos textos en el discurso de Jacinta, ambos han perdido sus contornos originales. El texto socio/político adopta el tropo de la parodia al confrontarse con el del folletín, y viceversa. El discurso de Juanito, por otro lado, como hábil manipulador del lenguaje en general, y de sus textos en particular, hace uso instantáneo de las estructuras más apropiadas de la voz de Jacinta para beneficio propio. Concluye la conversación con su mujer con una aparente confirmación de los textos de Jacinta, aunque no sin antes haberle añadido otra conocida cita política, "el pueblo no conoce la dignidad. Sólo lo mueven sus pasiones o el interés" (p. 53).

Además de los textos mencionados, otros también participan de la relación dialógica. Volviendo, por ejemplo, a la conversación entre marido y mujer sobre el mismo tema de Fortunata, vemos la confrontación con otros textos provenientes de otros sistemas. La primera parte de sus relaciones con Fortunata la introduce Juanito con la estructura de un cuento de niños o de hadas, "érase una vez." El personaje citado en esta narración infantil, Fortunata, aparece en este relato rodeado de imágenes románticas, "una muchacha pobre, del pueblo," o exóticas, "a quien vió, comiendo un huevo crudo." También acompañan a la caracterización de este personaje citas de novelas de folletín: era, además de pobre, guapa y huérfana de padre y de madre. Otros temas folletinescos serían el de la "mujer seducida" y el de la "familia insensata" a la que pertenecía la muchacha del pueblo. Este último calificativo corresponde al hecho de que todos los miembros de la estructura familiar "se amansaban con orgías" (p. 53).

En este diálogo, las diferentes estructuras narrativas se superponen entre ellas. En la versión del delfín, el cuento de la primera parte, "quedamos en que no hay más cuentos" y "para dejar redondo el cuento," pasa a convertirse, más adelante, en una "historia." Esta historia no llega vinculada, sin embargo, a ningún texto histórico proveniente de un momento específico en la "realidad" española, sino más bien a una "historia" de textos folletinescos. El personaje en esta nueva estructura narrativa, proveniente de la historia/folletín, es "aquélla del huevo crudo."

Otro ejemplo de un diálogo donde se superponen una multiplicidad de voces textuales se encuentra en el incidente del supuesto hijo de Fortunata. En este caso, el Pitusín es traído a colación, por primera vez, en una conversación llevada a cabo entre Jacinta y José Ido del Sagrario. El tema de esta conversación es, una vez más, Fortunata. Ido, utilizando citas de folletines sentimentales, se refiere a la amante del señorito burgués no ya como a la "mujer seducida" de la narración de Juanito sino como a la "mala hembra." Dice Ido que es una "mala mujer, ... muy mala .... Guapetona, pero muy loca" (p. 95). Continuando con el paradigma folletinesco, la maldad de Fortunata radica, según Ido, primero, en el abandono de su hijo y, en segundo lugar, en la vida de prostitución a la que se había dedicado después de haber rechazado su relación maternal con el Pitusín. Jacinta, por razones obvias, acepta la versión de Ido a pesar de sus dudas sobre la posible "extravagancia de aquel cerebro novelador" (p. 95).

Simultáneamente con el texto de folletín, otras estructuras narrativas provenientes de otros textos participan de la voz discursiva de Jacinta en este nuevo incidente. El narrador, en diálogo con el lector, menciona el interés "dramático" que el caso del supuesto hijo de la amante de su marido produce en la joven esposa, además de los "pormenores novelescos" (p. 131) que lo acompañan. A semejanza del discurso de su marido, la estructura de un cuento se encuentra también presente en la voz de Jacinta.

Juanito Santa Cruz, consciente del sistema textual que domina el discurso de los varios personajes, y, por consiguiente, hábil manipulador del lenguaje, confronta a su mujer, por segunda vez, a este nivel. Al enterarse de sus actividades sobre el supuesto hijo bastardo entre él y Fortunata, se refiere a la "novela" que Jacinta lleva en la cabeza. No sin cierta malicia le pide a su mujer que se despida de "esa grande invención" (p. 147). Culmina insistiendo que la exaltación de su pensamiento (exaltación responsable de que aceptara el incidente del Pitusín como "verídico"), se debe a "esa maldita novela" que lleva su esposa siempre consigo y a su "pleno romanticismo" (p. 150).

A más de los textos literarios mencionados, se encuentran también presentes en el tejido de la novela textos no literarios, entre los que sobresalen el histórico, el sociológico, el ecónomico y el religioso. El texto histórico se manifiesta en muchas ocasiones. Las fechas que se destacan en la vida de Fortunata son las mismas que marcan los textos históricos y políticos españoles de la segunda mitad del siglo diecinueve. Geoffrey Ribbans, refiriéndose a la presencia de la historia en la novela galdosiana, señala que Galdós,

> as befits the chronicler of early nineteenth-century history in the *episodios nacionales*, is also concerned to recall the essential historical facts of the immediate past. This he accomplishes by means of two minor characters, Estupiñá and doña Isabel Cordero, Jacinta's mother.[6]

En otro artículo señala también Ribbans la presencia del texto histórico en esta novela: "the action of *Fortunata y Jacinta* is firmly assigned to the period of 1869 to 1876, with most of the incidents described occurring between February 1873 and April 1876."[7] También coloca a Juanito Santa Cruz como un ejemplo de la relación entre textos político, histórico y literario:

> Santa Cruz's fickleness, superficiality, glibness and egocentricity in his private life reflects attitudes which derive from a specific historical situation and which pervade Spanish politics: Spain's civic defects are mirrored in him.[8]

Un ejemplo de un diálogo entre tres textos, aparentemente contradictorios—el realista, sociológico y religioso—se encuentra en la narración detallada de Las Micaelas, especialmente en lo que concierne a la descripción del local y de algunas de sus habitantes. En la narración minuciosa del edificio dedicado a la rehabilitación de mujeres problemáticas para la sociedad burguesa—y por lo tanto marginadas por ella—el texto realista colabora con los otros dos para brindarle al lector una detallada descripción del lugar y de las actividades "regeneradoras" a las que las someten las monjas dirigentes, en nombre de la religión. El texto realista se manifiesta en las descripciones aparentemente objetivas, concretas, de edificios del tipo de Las Micaelas:

> Hay en Madrid tres conventos destinados a la corrección de mujeres. Dos de ellos están en la población antigua, uno en la ampliación del Norte, que es la zona predilecta de los nuevos institutos religiosos. (p. 235)

El texto sociológico y el religioso se encuentran en los comentarios orientados a la enmienda moral de las mujeres que habitan este tipo de instituciones. A través de la intervención de Nicolás Rubín, sacerdote hermano de Maxi, se hacen presentes, por ejemplo, el texto sociológico y el religioso:

> Hay en Madrid una institución religiosa de las más útiles, la cual tiene por objeto recoger a las muchachas extraviadas y convertirlas a la verdad por medio de la oración, del trabajo y del recogimiento. Unas, desengañadas de la poca substancia que se saca al deleite, se quedan allí para siempre; otras salen ya *edificadas*, bien para casarse, bien para servir en casas de personas respetabilísimas. Son muy pocas las que salen para volver a la perdición. También entran allí señoras decentes a expiar sus pecados, esposas ligeras de cascos que han hecho alguna trastada a sus maridos, y otras que buscan en la soledad la dicha que no tuvieron en el bullicio del mundo. (p. 225)

Otra vez, vemos cómo el texto político burgués enmarca la relación dialógica entre estos tres textos al mismo tiempo que platica también con ellos.[9] El diálogo entre un texto sociológico y uno económico se puede ver en la descripción de la morada miserable del Pitusín.

Como ya se ha mencionado, sin embargo, uno de los aspectos que afectan el diálogo textual es la subversión de sus textos. Una ilustración de este fenómeno se halla en la representación grotesca de algunos de los objetos en Las Micaelas y en la descripción carnavalesca de algunas de las monjas que dirigen este local. La descripción de Sor Marcela, una de las monjas de más autoridad en Las Micaelas, presenta un ejemplo concreto del acto subversivo de la narrativa galdosiana:

> Era Sor Marcela, una monja vieja, coja y casi enana, la más desdichada estampa de mujer que puede imaginarse. Su cara, que parecía de cartón, era morena, dura, chata, de tipo mongólico, los ojos expresivos y afables, como los de algunas bestias de la raza cuadrúmana. Su cuerpo no tenía

Fortunata y Jacinta

forma de mujer, y al andar parecía desbaratarse y hundirse del lado izquierdo, imprimiendo en el suelo un golpe seco que no se sabía si era de pie de palo o del propio muñón del hueso roto. (p. 246)

La yuxtaposición de los textos produce el aspecto paródico del lenguaje galdosiano.

El resultado inmediato del diálogo intertextual es la pérdida gradual de las limitaciones individuales de cada texto, a medida que los textos se van confrontando entre ellos. Este proceso es responsable de que la posición jerárquica en la que tradicionalmente se ha colocado a los diferentes textos, ya sea por pertenecer a ciertos géneros o por participar de ciertos estilos, vaya desapareciendo. Por consiguiente, en el sistema dialógico de *Fortunata y Jacinta* no existe una diferenciación, ni cuantitativa ni cualitativa, de los textos que componen la novela. Cada uno de ellos, desde aquéllos considerados por la crítica tradicionalmente como los de menos valor—como por ejemplo el texto folletinesco—hasta los más apreciados por los canones establecidos—como por ejemplo, el religioso o *Don Quijote*—desempeña en la obra una función semejante, la cual no es otra que la de dialogar con los textos que lo rodean.

Para demostrar aún más a fondo el sistema que hace posible la interacción, el intercambio de voces textuales, analizaremos dos viajes metafóricos que toman lugar en el transcurso de la novela. El primer viaje es llevado a cabo por Jacinta en rumbo a la vivienda del Pitusín. El segundo lo lleva a cabo el narrador en los recovecos del viejo Madrid. En el primero se yuxtaponen dos textos centrales, el dramático y el realista. En el segundo se combina toda una multiplicidad de textos. Al encontrarnos con dos viajes cuya descripción está basada en la combinación de diferentes textos vamos descubriendo cómo el lenguaje realista que parece dominar la novela desde sus primera páginas es un discurso más en la comparsa lingüística que estructura la narrativa galdosiana.

En el primer viaje, Jacinta nos transporta desde su casa al centro de viviendas miserables donde vive el Pitusín. La descripción de este viaje llega hasta el lector impregnada de imágenes del género dramático. Cuando Jacinta se aproxima a la casa del Pitusín, la calle que la conduce a este local aparece delante de ella "como un telón" (p. 100). Esta imagen se vuelve a repetir: "En aquel telón había racimos de dátiles colgados en una percha." Las vendedoras que comparten este escenario callejero llegan descritas como personajes grotescos, de circo. Eran éstas "chillonas" y "taladraban el oído con pregones enfáticos, acosando al público y poniéndole en la alternativa de comprar o morir" (p. 100). Las tiendas tenían sus "bocas abiertas" (p. 100). La incorporación de estructuras teatrales en el texto realista subvierte el aspecto de verosimilitud de este último. Al mismo tiempo, la presencia del discurso realista produce la subversión del discurso dramático, y así sucesivamente. Como resultado, domina el aspecto paródico del lenguaje.

El segundo viaje es, como el primero, metafórico, llevado a cabo por el narrador. A través de este segundo viaje, menos mimético aún que el anterior, el narrador, en diálogo con el lector, lo transporta a un tiempo pasado para brindarle ciertas referencias sobre algunos lugares y personajes que, según él, podrían ser de interés para el lector.

El discurso del narrador se distingue, aún más que el de los otros personajes analizados, por la multiplicidad de voces textuales. Esta abundancia, casi se podría decir *excesiva*, de textos ha contribuído a que la crítica galdosiana se haya referido a las múltiples funciones del narrador, por un lado, y a la ambivalencia que lo distingue, por el otro. Ricardo Gullón, por ejemplo, nos llama la atención al primer aspecto:

> De las sombras donde se mantenía fue emergiendo poco a poco una figura, la del narrador, que hoy parece y en cierto sentido acaso lo es, protagonista, si no de la novela, sí del texto: éste, además de obra suya, es la forma de su presentación, sin máscara cuando personalizado, más explícito que implícito, omnisciente o no del todo, siempre moviéndose de fuera adentro, desde fuera del texto al corazón de la página; en otras ocasiones con el rostro y la indumentaria del yo que cuenta la novela, y, más raramente, desdoblado en el monodiálogo de quien habla en segunda persona al otro que es él, consciente de la escisión y de la dualidad.[10]

John Kronik, quien señala que este mismo tipo de análisis se le puede aplicar a *Fortunata y Jacinta*, se refiere a la postura de ambivalencia en la que se encuentra el narrador de *Misericordia*:

> Often the narrative mode of this illusionist tale strives to underscore the limits of an account based on observation and designed to convince the reader of its reality or potential reality. To achieve an air of verisimilitude, the narrator in many instances, usually in matters of detail, sacrifices all rights to omniscience and, as pure observer and reporter, pleads ignorance ... At the other extreme there operates the narrator who openly manipulates all strings ... An intermediate stage is where the narrator discloses himself as such and thereby declares his story to be written transcription, yet professes to limitations in his abilities.[11]

Más adelante señala Kronik, "Yet again, we find a narrative posture that reveals a story but turns it into history."[12]

Nuestro análisis difiere ligeramente de la aproximación de ambos críticos. Para empezar, la voz inicial del narrador tiene semejanza con la de una guía de turistas con la cual se le señala al lector/visitante cuáles son los

Fortunata y Jacinta 73

lugares de más interés en el viejo Madrid del siglo XIX: lugares sugestivos por las peculiaridades de algunos de sus habitantes. Como guía, la voz que proyecta en sus descripciones llega cargada de un discurso proveniente, en el mayor número de los casos, de textos realistas:

> Don Baldomero Santa Cruz era hijo de otro don Baldomero Santa Cruz, que en el siglo pasado tuvo ya tienda de paños del Reino en la calle de la Sal, en el mismo local que después ocupó don Mauro Requejo. (p. 16)

La aparente objetividad del discurso realista empieza a henderse, sin embargo, a medida que va participando del diálogo con los otros textos. Como resultado de esta conversación el narrador, por momentos, no parece estar demasiado seguro de la veracidad de los sucesos que está narrando. En estos casos, sobresalen en su narración comentarios como el siguiente:

> En esto reina cierta obscuridad, que no se disipará mientras no venga uno de estos averiguadores fanáticos que son capaces de contarle a Noé los pelos que tenía en la cabeza y el número de *eses* que hizo cuando cogió la primera *pítima* de que la historia tiene noticia. (p. 66)

En el capítulo VI, titulado irónicamente "Más y más pormenores referentes a esta ilustre familia" (pp. 64 y ss.), percibimos más claramente el fenómeno de la fragmentación y de la dislocación del discurso realista. Empieza el narrador describiendo con mucha minuciosidad de detalle la genealogía de la familia Santa Cruz y la de la familia de los Trujillo. A mitad de camino, sin embargo, parece cansarse de tantos pormenores. Detiene su narración para preguntarle al lector, "¿Pero quién podrá descubrir su misterioso enlace con los revueltos y cruzados vástagos de esta colosal enredadera? ¿Quién puede indagar si . . . ? ¿Cuál será el averiguador que se lance a poner en claro si . . . ?" (p. 67). Las preguntas son seguidas por respuestas indeterminadas de textos anónimos: "Hay quien dice que . . ." o "y se dice . . ." o "alguien ha dicho . . ." (p. 67). Dada esta aparente falta de certidumbre, Germán Gullón considera esta fase del narrador como la del "narrador desmemoriado."[13] Nuestro análisis intertextual revela, no obstante, que lo que tenemos delante es el momento de fisura del texto realista: momento en el que la voz de este texto en particular empieza a desmoronarse, a fracturarse, dando cabida al resurgimiento de otras voces. Al final acepta el narrador la imposibilidad de dicha empresa con lo que termina burlándose de la objetividad del discurso que había adoptado en su primer papel como guía del viejo Madrid:

> La mente más segura no es capaz de seguir en su laberíntico enredo las direcciones de los vástagos de este colosal árbol de linajes matritenses. Los hilos se cruzan, se pierden y reaparecen donde menos se piensa. Al cabo de

> mil vueltas para arriba y otras tantas para abajo se juntan, se separan. . . .
> (p. 68)

Una vez que ha rechazado este primer texto, y, por consiguiente, su postura de narrador objetivo, le va indicando al lector que los datos que le está dando no son datos obtenidos por él, como resultado de una rigurosa observación, sino que son más bien datos que han surgido por otros medios, como por ejemplo por "una conversación entre Arnáiz y Estupiñá" (p. 66). En la narración de los antecedentes de Guillermina Pacheco, señala éste la fisura de su primer texto y su apoyo consecutivo en otros:

> Lo referente a esta insigne dama lo sabe mejor que nadie Zalamero . . . [el cual nos] ha prometido escribir la biografía de su excelsa pariente cuando se muera, y entretanto no tiene reparo en dar cuantos datos se le pidan, ni en rectificar a ciencia cierta las versiones que el criterio vulgar ha hecho correr sobre las causas que determinaron. . . . (pp. 76-77)

El narrador persiste en el uso de citas procedentes de textos populares anónimos vinculados al pasado de Guillermina ("Alguien ha dicho . . .") y de citas procedentes de Zalamero ("Mas Zalamero asegura que esta opinión es tan tonta como falsa") (p. 77). Al final termina por negar el más mínimo índice de verosimilitud a la vez que afirma que cualquier dato que pudiera existir en cuanto a la vida de Guillermina "[e]s un secreto guardado con sepulcral reserva en su corazón" (p. 77).

Un rasgo adicional que distingue el discurso del narrador es una aparente manipulación de los textos que utiliza en sus narraciones, la cual contribuye a que la novela siga proyectando una cierta confusión en lo que concierne a los eventos que está narrando. En una ocasión, por ejemplo, cuando el texto que proyecta es autobiográfico, se presenta como testigo personal de los sucesos que componen su narración, "los conocí yo en 1870." La presencia de este texto específico le permite omitir ciertos datos no considerados totalmente indispensables para su relato. Al hacer otro comentario sobre una conversación entre doña Lupe y la señora de Quevedo, cierra el diálogo entre ambas con la siguiente declaración: "Algo más cotorrearon, pero no hace al caso" (p. 511). Termina, sin embargo, pidiéndole disculpas al lector por la confusión implícita en algunas de sus descripciones, aunque en algunos de los casos se protege bajo el amparo de sus personajes, como sucede con Moreno-Isla:

> A las doce de un hermoso día de octubre, don Manuel Moreno-Isla regresaba a su casa, de vuelta de un paseíto por *Hide Park*... digo, por el Retiro. Responde la equivocación del narrador al *quid pro quo* del personaje porque Moreno . . . solía confundir las impresiones positivas con los recuerdos. (p. 462)

Las contradicciones presentes en las diferentes versiones narrativas proyectan las permutaciones de los textos utilizados por la voz del narrador. En algunas ocasiones, por ejemplo, los textos son "historias," colocándose él en el papel de "historiador." Otras veces son "episodios" de novelas con los cuales su voz es la de un novelista. Hay momentos en que el texto es una relación "verídica y grave" (p. 258). A semejanza de Juanito y de Jacinta, algunas de sus narraciones provienen de cuentos ("Y se acabó mi cuento" [p. 148]) y de obras dramáticas. Ante la sorpresa de un acontecimiento que sobreviene en el transcurso de una de sus narraciones, se queja, por ejemplo, de que este incidente "no estaba en los papeles" (p. 447).

Al encontrarnos con una narración basada, desde el principio, en la combinación de diferentes textos, vamos descubriendo cómo la actividad del texto realista del narrador se va convirtiendo en una actividad secundaria, y, por consiguiente, disminuída. Este empequeñecimiento se debe precisamente al hecho de que la objetividad, o verosimilitud, de los relatos del narrador se basa en la presencia de un texto realista el cual, en apariencia solamente, parece dominar el discurso de este personaje. El análisis intertextual del mismo nos va demostrando, no obstante, cómo la presencia de todos los otros textos con los cuales se mantiene el realista en un constante estado de contienda ha producido, primero, su desenmascaramiento y, en segundo lugar, su transformación. El resultado es el predominio de la palabra ambigua. Es la presencia de la ambivalencia la que, a finales de cuenta, niega la importancia de la voz narrativa realista. La voz ambivalente del narrador se caracteriza, por lo tanto, por las mismas características que definen las voces de los otros personajes.

Es importante comprender que así como la posición de los textos carecen de jerarquías que los diferencien—jerarquías basadas en juicios de valores muchas veces subjetivos—la voz del narrador es simplemente una voz más en el espacio intertextual de la novela, tan importante como cualquiera de las otras voces. De la misma manera que las otras, la suya también se distingue por los mismos conflictos y contradicciones de resultas de los varios textos que componen sus discursos. Habría que añadir que esta misma ambivalencia de las voces del narrador se proyecta, además, en la voz del autor. Al ser dominada la obra por la voz de cada personaje y de sus respectivos textos, incluyendo la del narrador y sus varios textos, la voz del autor se hace inextinguible, manteniéndose a una distancia considerable de su objeto.

Las voces textuales que se registran fielmente en *Fortunata y Jacinta* provienen también de los diferentes discursos madrileños, entre los que sobresalen concretamente dos: los del pueblo y los de la burguesía. Las voces de los discursos del pueblo, procedentes en la gran mayoría de los casos de textos orales de la tradición española, se manifiestan en sus diferentes gradaciones a través de varios de los personajes de las "clases marginadas," entre los que sobresale José Izquierdo.

Juanito Santa Cruz sería el máximo representante del discurso burgués procedente de todo tipo de textos producidos y consumidos por la burguesía madrileña de mediados del siglo diecinueve. Para el propósito de esta segunda parte de nuestro análisis, nos limitaremos a analizar las voces de José Izquierdo como representante del primer grupo y de Juanito Santa Cruz del segundo. Se terminará con el discurso de Fortunata ya que la voz de la protagonista de la novela de Galdós representa una síntesis de los discursos anteriores. El discurso de Fortunata tiene como punto de partida el de José Izquierdo, de sobrenombre, Platón. Por otro lado, debido a su relación con Maxi y con Juanito Santa Cruz especialmente, intenta la muchacha del pueblo aproximarse a la palabra burguesa. Falla en su intento aunque como resultado de esta tentativa crea su propio discurso, basado en su propio texto.

Varios críticos han hecho alusiones a la preocupación especial que Galdós siente por el habla popular español. En una carta citada por Bravo-Villasante, Galdós escribe:

> La característica del léxico popular de Madrid ha sido la invención continua de voces y modismos. He observado que en la época chulesca la inventiva es más fecunda y el léxico más rico que en el período de la majeza; dijérase que en la primera época es castiza y tiende a la conservación de las formas verbales; la segunda decadentista, con tendencia al desenfreno del individualismo aplicado al lenguaje. Las modas de hablar cunden prodigiosamente, y luego viene una tercera época, cuya característica es la mutilación de las palabras más usuales: el estilo telegráfico, la enconomía de la saliva. La época intermedia es, a mi juicio, la mejor, la más galana y expresiva.[14]

En el Prólogo a la obra de Pereda, *El sabor de la tierruca,* Galdós alaba "la gran reforma que [Pereda] ha hecho introduciendo el lenguaje popular en el lenguaje literario."[15] Tomás Navarro confirma esta misma posición de Galdós ante el lenguaje popular cuando señala que "Más que por la influencia de modelos literarios, la lengua de Galdós se ve elaborada sobre fuentes directas del idioma común y corriente. Giros y locuciones de la lengua hablada, de un valor particularmente gráfico y expresivo, son utilizados por Galdós, con acierto y naturalidad difíciles de imitar."[16] Stephen Gilman, por otro lado, se refiere a "soltar la palabra" y a "pegar la hebra" como dos locuciones que se repiten con frecuencia en *Fortunata y Jacinta* y que describen modalidades básicas de la "expresión oral."[17] Según Gilman, "la palabra puede 'soltarse' (como se suelta una flecha) sobre el que escucha, o bien puede 'entretejerse' en la trama más o menos agradable de una conversación."[18]

La voz de Platón, original de textos populares, se expresa algunas veces a través de un lenguaje a veces casi incomprensible para el lector. Es tal la impenetrabilidad de su discurso en estos momentos que el narrador se siente en la obligación de servirle de "traductor" al lector, facilitando de esta manera el proceso de comunicación. Un caso concreto de esta función que se asigna el narrador se presenta con la palabra *yeción*, mencionada varias veces por el tío de Fortunata. Para beneficio del lector, el narrador define este vocablo de la siguiente manera: "Con tal palabra [*yeción*] Izquierdo expresaba una colisión sangrienta, una marimorena o cosa así" (p. 111).

El discurso de José Izquierdo se compone de dos aspectos. El primero se caracteriza por la impenetrabilidad mencionada. Prevalecen en este nivel palabras como "jonjobar," "pachasco," "la carpanto." En el segundo aspecto de su voz se encuentra un léxico que comparte cierta—aunque distante—semejanza con el léxico del español burgués: "jierros" por "hierros," "afloencias" por "influencias," "dimpués" por "después," "comenencias" por "conveniencias." Ambos aspectos de su discurso se encuentran presentes en su formulación de oraciones: "Pero pronto me llamé andana, porque me habían hecho contrata de medio duro diario, y los rumbeles solutamente no paicían" o "me querían meter en el estaribel y enredarme con los guras, tomé el olivo y nos juimos a Cartagena" (p. 112).

La característica esencial de los textos de Izquierdo es su base oral. De ahí que predomine la presencia de proverbios, como "cría cuervos" (p. 112) o "Es la que se dice: pa mí lo mismo es blanco que negro" (p. 112). Se halla asimismo el aspecto repetitivo, lexicográfico y rítmico, característico del lenguaje popular, dándole a su discurso una cualidad poética: "Mirosté a ese Pi..., Un mequetrefe. ¿Y Castelar? Otro mequetrefe. ¿Y Salmerón? Otro mequetrefe. ¿Roque Barcia? Mismamente" (p. 112). Por último, predomina también en su discurso la aliteración: "Si se junde la República[,] que se junda; y si se junde el judío pueblo, que se junda también" (p. 112). El énfasis en el sonido puro de la palabra aproxima el discurso del tío de Fortunata al de Caballuco en *Doña Perfecta*.

El discurso de Izquierdo desconfía de todo contacto con discursos vinculados a textos eruditos, sancionados por la burguesía. Rechaza especialmente aquéllos cuyas bases se encuentran en la escritura. Esta actitud se refleja en su desprecio por aquellas personas que se dedican a la propagación de la palabra escrita: "los escribidores, los periodiqueros y los publicantones son los que han perdío con sus tiologías a esta judía tierra" (p. 112). Su rechazo de la escritura no significa, de ningún modo sin embargo, que Izquierdo no trate de manipular su propio discurso en aquellos momentos en que él considere mejor adecuados para el logro de sus ambiciones. Los textos que dominan su voz, en estos momentos, se hacen presentes, como bien dice el narrador, para engañar a "muchos bobos" (p. 113). La manipulación la logra a través de la recreación de una variedad de textos establecidos. Recrea, por ejemplo, textos bucólicos:

> A cuenta que salimos con las freatas por aquellos mares de mi arma. Y entonces, que quieras que no, me ensalzaron a tiniente de navío, y estaba mismamente a las órdenes del general Contreras, que me trataba de tú. ... Aquello era una gloria. ¡Alicante, Aguilas! Pelotazo va, pelotazo viene. Si por un es caso nos dejan, tocayo, nos comemos el santísimo mundo y lo acantonamos toíto. (p. 112)

Reformula, asimismo, textos revolucionarios:

> Y yo digo que es menester acantonar a Madriz, pegarle fuego a las Cortes, al Palacio Real y a los judíos ministerios, al Monte de Piedad, al cuartel de la Guardia cevil y al Dipósito de las Aguas, y luego hacer un racimo de horca con Castelar, Pi, Figueras, Martos, Bicerra y los demás, por moderaos, por moderaos... (p. 113)[19]

En otros momentos su voz proyecta citas de textos confesionales, como cuando en un tono de auto-crítica se lamenta, "soy pior que una caballería, soy más tonto que un cerrojo; no sirvo solutamente nada" (p. 113).

La constante repetición de estos textos en su discurso es, sin embargo, responsable de que la voz de Izquierdo caiga en el vacío, ya que, como sabemos, con excepción de José Ido del Sagrario, su discurso cuenta con "poquísimos oyentes." Por consiguiente, el futuro éxito de Platón radica en la negación de su discurso. La respuesta, el significado de su vida, la encuentra no en el lenguaje pero sí en su silencio, como "modelo" para pintores de temas de historia contemporánea. El narrador se refiere a esta nueva función de Izquierdo en los siguientes términos: "Lo más peregrino es que aquella caballería, toda ignorancia y rudeza, tenía un notable instinto de la postura, sentía hondamente la facha del personaje y sabía traducirla" (p. 114). Traducción basada no en la palabra oral pero sí en el "gesto y la expresión de su admirable rostro" (p. 114). En otras palabras, el discurso de José Izquierdo termina negando los textos populares que lo habían marcado desde el primer momento. En su lugar formula su propio texto, diametralmente opuesto a los primeros: el texto del silencio.

Frente a José Izquierdo se escucha la voz burguesa de Juanito Santa Cruz. A semejanza de la del tío de Fortunata, dos aspectos caracterizan el discurso del delfín. En oposición a las de Izquierdo, sin embargo, estas características son su facilidad de expresión y sus bases literarias. Recuérdese de que es el narrador quien define la disposición verbal de su personaje como la de un "artista de la palabra." Geoffrey Ribbans señala que Juanito "impresses by his fluency" y que "he excels in slick paradoxes."[20] Ribbans, no obstante, reacciona desfavorablemente ante esta distinción del señorito galdosiano cuando afirma que "he talks too much."[21]

El talento de Juanito es el resultado de una vasta—aunque caótica—lectura de sus años de estudiante universitario. Había leído entre otras, obras de "Venecia y el marqués de Bedmar, Massianelo, los Borgias, Lepanto, Don Juan de Austria, las galeras y los piratas, Cervantes y los padres de la Merced" (p. 55).

La facilidad con que Santa Cruz controla el lenguaje hace posible que el joven se mueva con bastante destreza dentro de varios códigos lingüísticos. Sobresale en el uso y manipulación de los textos burgueses y de los del cuarto estado. Utiliza, por ejemplo, estructuras procedentes de textos orales de cuentos y romances españoles. Hace uso, también, de cuentos infantiles y de discursos confesionales, como cuando dirigiéndose a la delfina le dice en un estado de contrición:

> Déjame que me prosterne ante ti y ponga a tus pies todas mis culpas para que las perdones.... Lo que quiero es tu perdón, el perdón de la Humanidad, a quien he ofendido, a quien he ultrajado y pisoteado. (p. 60)

Incorpora citas de textos políticos: "Hay momentos en la vida de los pueblos, digo, en la vida de los hombres..." (p. 60). En los diferentes relatos que Juanito le narra a su mujer sobre su relación con su amante, Fortunata, utiliza estructuras de cuentos o de historias. Cada cuento, o historia, se presenta, a su vez, como si fuera un capítulo de novela folletinesca. Juanito Santa Cruz se desempeña también con mucha destreza en el léxico de textos populares: "Villalonga y yo, que oíamos estos *jollines* desde el entresuelo, no hacíamos más que reírnos" (p. 52) o "la Pitusa estaba *cumbría* de cinco meses." Inclusive, su entendimiento de los textos populares lo coloca en una posición de "mediador," de "intérprete" del discurso del pueblo al burgués, para beneficio de sus dialogantes burgueses. Un ejemplo se encuentra en una conversación entre Juanito con Jacinta cuando, después de incorporar éste una expresión del pueblo, "me echó la zarpa," se apresuró el joven a traducírsela a su esposa, "quiero decir que me dió la manaza" (p. 50).

Su facilidad con el lenguaje coloca la voz del delfín en una posición de superioridad en una sociedad fácilmente impresionada con el uso de la "buena lengua." Esta superioridad hace que se destaque ante los otros personajes y que tenga especialmente un enorme éxito en el diálogo con las voces del personaje mujer, voces que proceden de textos femeninos y que llegan contenidas en los códigos: Barbarita, madre; Jacinta, esposa; Fortunata, amante. En su relación dialógica con las voces de estos personajes femeninos demuestra Juanito—de ahí su aproximación al discurso de José Izquierdo—su gran capacidad manipuladora, para la satisfacción de sus propios intereses. El narrador, en diálogo con el lector, comenta esta característica de su protagonista cuando señala que Juanito "sabe disponer las cosas del mejor modo posible para sistematizar y refinar sus dichas" (p. 85). A diferencia del discurso de José Izquierdo, no obstante, el de Juanito Santa Cruz resulta ser un instrumento de poder y, en el caso específico de su relación con el discurso femenino, un instrumento de penetración y de violación.

El discurso del jovencito burgués en su relación con el femenino se expresa a través de metáforas procedentes de textos vinculados al arte de cazar. El discurso de Juanito, el del seductor, es el del cazador; el de Fortunata es el del seducido: ella es la "fiera salvaje" a la cual es necesario domar, domesticar. "Me parece mentira—[le dice Juanito]—que te tengo aquí, ... fierecita mía" (p. 288). Se refiere a ella como "mi animalito" (p. 50) y "fierecilla mía" (p. 50). James Whiston, en su estudio sobre las metáforas utilizadas por Galdós, señala que algunas de ellas "tend to dehumanize and hence devalue a character. Every metaphor that draws an image from the animal, vegetable or mineral world is to that extent inhuman."[22] El discurso de Juanito, como cazador, y el de ella, como animal salvaje, se traban en una contienda textual de la cual cree el primero salir victorioso. Juanito le dice a Fortunata que le ha cogido con un lazo (p. 288). El proceso dialogal obstaculiza, no obstante, el dominio de un texto por el otro, como veremos a continuación.

El elemento manipulador del discurso de Juanito lleva al narrador a hacer una pregunta retórica a la que él mismo contesta: "¿Habló Juan con verdad? De todo hubo" (p. 62). Esta respuesta es irónica y lo es porque a medida que el discurso de Santa Cruz se va desdoblando en los pliegues de su propia voz, se va haciendo más evidente que su voz representa la negación de los textos subyacentes más importantes a su discurso: aquéllos portadores del mito de don Juan. Cada vez que Juanito, por ejemplo, relata sus infidelidades a Jacinta, distorsiona el texto mítico. Cada vez que Juanito repite la legitimidad de su amor a Fortunata, la distorsión es aún más intensa. Su interpretación, o más bien diríamos, su re-interpretación del mito donjuanesco en ambos instantes, es una traición a este texto original. Al aproximarse Juanito al discurso femenino, produce una serie de mentiras perifrásticas: mentiras basadas en un lenguaje falso. En la distorsión del texto original, Juanito Santa Cruz representa la parodia del don Juan: en fuerza de lo antecedente, culmina siendo la figura grotesca de un lejano héroe romántico.

Frente a la voz de Santa Cruz nos encontramos con la voz de su amante, Fortunata. El discurso de la sobrina de la huevera se caracteriza por una total oposición a la del delfín. Si se pudiera definir un aspecto básico de Fortunata sería una aparente incapacidad en el manejo más elemental del lenguaje burgués: en otras palabras, la ausencia de un lenguaje coherente y comunicativo tanto para sus oyentes como para el lector. Stephen Gilman utiliza la

Fortunata y Jacinta 81

descripción de Fortunata ante el espejo para referirse a la inhabilidad lingüística de la protagonista:

> She attempts to put the beauty she sees there into words, but at that linguistically underprivileged beginning of her existence she can do little more than exclaim ("¡Vaya un pelito que Dios me ha dado!") or take refuge in commonplaces ("Tengo los dientes como pedacitos de leche cuajada").[23]

Es en este aspecto de su discurso que se podría trazar una cierta vinculación con el primer aspecto del discurso de José Izquierdo.

Aunque el discurso de Fortunata es bastante limitado, como veremos más adelante, se pueden señalar en él algunos aspectos generales reconocibles en ciertos momentos específicos. Uno de ellos es el de tener como modelo a Sancho Panza, especialmente en lo que concierne al uso repetitivo de proverbios originados, casi todos, en textos orales de procedencia popular. Es interesante que los proverbios presentes en el discurso de Fortunata estén básicamente relacionados al tema de la maternidad. Véanse los siguientes ejemplos: "Esposa que no tiene hijos, no es tal esposa" (p. 421), o "la esposa que no da hijos no vale" (p. 421) y "¿Qué me importa que *la* Jacinta beba los vientos por tener un chiquillo?" (p. 256; bastardillas de Galdós). Presentes también están en su discurso reminiscencias de textos románticos, los cuales salen a relucir en las breves conversaciones que mantiene con su amante: "Adiós, hijo de mi vida. Acuérdate de mí. ¡Que no fueran los minutos horas! Adiós..., me muero por ti" (p. 430) y "Esas señoras circunstancias son las que me cargan a mí. Y yo digo: 'Pero, Señor, ¿para qué hay en el mundo circunstancias?' No debe haber más que *quererse* y a vivir" (p. 429). Estas últimas tienen también cierta vinculación con los folletines. El texto de folletín propiamente dicho sale a relucir en las pocas conversaciones que mantiene con el discurso burgués: "Yo no habría sido mala ... si él no me hubiera plantado en medio del arroyo con un hijo dentro de mí" (pp. 420-21), aunque las citas textuales que con más frecuencia se repiten en el discurso de la muchacha, durante y después de su experiencia con Las Micaelas, provienen de textos religiosos (de contenido ético) en los que se le da hincapié al estado pecaminoso de mujeres como Mauricia y Fortunata: "soy mala," dice la protagonista (p. 413) y, en diálogo con "la santa," Guillermina Pacheco, "Es que yo soy muy mala; no sabe usted lo mala que soy" (p. 412).

Muchas alusiones se hallan en la novela a la inhabilidad de Fortunata de poder asimilar el discurso proveniente de textos burgueses. No está familiarizada, por ejemplo, con su léxico. Desconoce palabras como "monstruo" o "ignominia." Se encuentran también en la novela alusiones a su "torpeza" con el lenguaje hablado (p. 232) y a su "timidez" de expresión (p. 232). Sobre su pronunciación señala el narrador:

82   Modelos dialógicos

Sus defectos de pronunciación eran atroces. No había fuerza humana que le hiciera decir *fragmento, magnífico, enigma* y otras palabras usuales. Se esforzaba en vencer esta dificultad, riendo y machacando en ella; pero no lo conseguía. Las *eses* finales se le convertían en *jotas*, sin que ella misma lo notase ni evitarlo pudiera, y se comía muchas sílabas. (pp.179-80)

Consciente de su incapacidad, se siente Fortunata inmobilizada cada vez que necesita entrar en un diálogo continuo con la voz, o voces, de personajes burgueses. Como resultado, trata de evitarlo en la mayoría de los casos.

A nivel específico, el análisis del discurso de Fortunata señala que su discurso—compuesto de textos básicos para su formulación—pasa por varias etapas. Cuando el lector recién se confronta con la voz de este personaje, se encuentra con la primera. En ésta, el texto consiste de sonidos fónicos provenientes de un mundo lingüístico primario, elemental: "uh, uh." A continuación aparecen textos que conllevan una cantidad considerable de palabras monosilábicas, entre las que predominan el "sí" y el "no." Después de experimentar con el lenguaje burgués, y de fracasar en el intento, aparece la tercera etapa: la voz que caracteriza los últimos días de su vida es la de una niña dolorida, "como [la] de una tierna criatura lastimada" (p. 561). El narrador parece haber estado esperando la aparición de este texto cuando, con una nota de ansiedad y casi se podría decir, de alivio, exclama, "por fin echó una voz que parecía infantil" (p. 561).

La voz de Fortunata en esta tercera etapa podría señalarnos el deseo de la muchacha de querer volver a aquel estado de inocencia donde el lenguaje se mantiene alejado de toda contaminación. El deseo de vuelta, de regreso —vano—del discurso de Fortunata se confirmaría con la presencia de dos elocuciones que emanan de esta voz aniñada, "mona del cielo" y "ángel" (p. 561). Hasta este momento ha sido a su hijo a quien ella ha considerado como el "mono del cielo." Al dirigirse a ella misma esta nomenclatura podría querer demostrar su deseo de querer suplantar el lenguaje suyo por los balbuceos de un discurso en estado de gestación y alejado de cualquier posibilidad de contagio lingüístico, especialmente aquél que proviene de textos burgueses. "Angel" es también un adjetivo que crea la ilusión metafórica—el espejismo—de lo no corrupto, de lo puro.[24]

Es en la cuarta y última etapa del discurso de Fortunata, sin embargo, cuando nos encontramos con la clave del discurso de la protagonista del cuarto estado. Al final de la novela, y ya casi a finales de su vida, Fortunata empieza negando la presencia de su limitado discurso, "Fortunata miraba con expresión de gratitud a su amiga, y cuando ésta le cogía la mano, trataba de hablarle; pero apenas podía articular algún monosílabo" (p. 559). Leemos, asimismo, que "Fortunata se estremeció desde el cabello hasta los pies... Su respiración fatigosa indicaba el afán de vencer las resistencias físicas que entorpecían la voz" (p. 560). Al igual que en el caso de su tío, José Izquierdo, la brevedad de su discurso termina siendo suplantada por el gesto ("Fortunata dijo que sí con la cabeza" [p. 559]) y por el vacío de su voz ("no tenía voz, no le sonaba la voz, se le quedaba la intención de la palabra en la garganta sin poderla pronunciar" [p. 555]).

El silencio de Fortunata al final de la novela marca la última etapa de su discurso. Esta etapa manifiesta dos aspectos importantes. En primer lugar, representa éste la negación de todo lenguaje, pero concretamente del discurso proveniente de textos burgueses, simbolizado en las figuras retóricas de Juanito Santa Cruz. Por el otro, sin embargo, el silencio de su voz, sin significantes y sin significados que la definan y que la limiten, parte de otro texto—de un texto cuyo lenguaje es autónomo, no referencial, independiente y completo en sí mismo. El texto de Fortunata *es* el texto del silencio y es también la vertiente lingüística adonde van a desembocar las otras voces textuales en su deseo de llenar los espacios en blanco creados por el silencio de la protagonista.

La nada, el espacio en blanco, el anti-lenguaje, es el nuevo texto de Fortunata. Con éste, rechaza Fortunata toda posibilidad de diálogo con un discurso marcado por la repetición. Esto lo consigue al negar la posibilidad de un diálogo con aquellas voces burguesas basadas en la manipulación y en la falsedad. El texto de Fortunata, su silencio, cuestiona cualquier posibilidad de una relación dialógica genuina entre voces tan dispares como son aquéllas provenientes de textos burgueses, patriarcales, con las del cuarto estado.

Como conclusión entonces, *Fortunata y Jacinta* está basada en la incorporación y mezcla de una multiplicidad de voces textuales. La posición de confrontación en que éstas se encuentran es responsable de que cada una vaya perdiendo su contorno original. De resultas nos encontramos con una obra cuya estructura está basada en la creación de un nuevo lenguaje basado en el texto de Fortunata. El texto del silencio socava las convenciones que permanecen subyacentes a las voces discursivas de los personajes y del narrador. En conclusión, el texto de Fortunata es la negación de todo lenguaje convencional, burgués y patriarcal, de finales del siglo diecinueve español.

6
Mauricia *la Dura*

> *¡Luego unas voces y unos berridos!* . . .
> *Ya sabes el diccionario que gasta.* . . .
> —Doña Lupe Rubín, a Fortunata

POCOS ESTUDIOS se han hecho que hayan logrado un análisis profundo de Mauricia *la Dura* de la novela de Benito Pérez Galdós, *Fortunata y Jacinta*. A nuestro criterio la falta de un análisis atento se ha debido a una razón fundamental: la postura moralista que gran parte de la crítica galdosiana ha adoptado frente a este personaje. Nosotros somos de la opinión que esta postura ha sido perjudicial ya que ha llegado a impedir un estudio objetivo e imparcial de Mauricia. El presente capítulo, por consiguiente, tiene el propósito de sacarla de las limitaciones críticas en las que ha estado encajonada. Para lograrlo, nos proponemos hacer un análisis de su discurso. Es precisamente en la riqueza lingüística de *la Dura*, en la multiplicidad de los textos que compone su discurso, donde se halla uno de sus rasgos más importantes. Para que el análisis del discurso de Mauricia esté completo, no podemos, sin embargo, prescindir de un análisis de las voces que la rodean. Son éstas las que, por su antagonismo, la estimulan en la formulación de su "diccionario."

Nuestro estudio del discurso mauriciano se llevará a cabo en dos partes. Empezaremos analizando las voces textuales del discurso oficial con las que Mauricia se mantiene en constante estado de diálogo; continuaremos con el análisis de los textos subyacentes al discurso de *la Dura* y concluiremos estableciendo la relación dialógica que se establece entre ambos, así como también el producto de dicha relación. Trataremos de demostrar que la importancia del discurso mauriciano se debe precisamente a su capacidad de tergiversar, de romper, con la unidad discursiva que se encuentra en las voces que la rodean. Entablada en el control de su propio discurso, responde ante aquéllas con el poder que emana de su propia voz;

poder que se manifiesta en las variaciones inesperadas de sus elocuciones y en los matices alucinantes de su voz. Como resultado, el discurso de Mauricia termina subvirtiendo el discurso antagonista.

Los más de los críticos que han estudiado a este personaje galdosiano se han sentido en la obligación de tomar una posición, ya sea a favor, o en contra, de lo que ha sido percibido hasta ahora como la constitución moral de Mauricia. De resultas, la crítica se ha dividido en dos bandos. En un lado se han colocado aquéllos que la califican de personaje inmoral y licencioso, mientras que en el otro se encuentran aquéllos que han sentido la necesidad de levantarse en su defensa. Gustavo Correa, por ejemplo, considera a Mauricia como el "personaje diabólico por excelencia," condición que se manifiesta "en servir de demonio tentador" a Fortunata.[1] Ricardo Gullón la considera "histérica, lindante con la demencia," al mismo tiempo que añade que "a través de la locura se transparenta su depravación."[2] Aunque Geoffrey Ribbans destaca la función positiva que Mauricia desempeña en la novela, "Nada hay superfluo ni innecesario en la caracterización y el papel de Mauricia *la Dura*,"[3] cuando se refiere a la comparación que el narrador hace entre este personaje y Napoleón Bonaparte, su crítica de Mauricia es violenta, "identificar a Napoleón con una mujer extraviada y brutal es rebajar socarronamente al gran adversario de la francesada."[4] Al otro lado de la crítica, Lucille V. Braun encuentra un cierto atractivo en Mauricia, atracción basada en su "sincerity and directness."[5]

La visión negativa que generalmente se ha mantenido del personaje de Mauricia es responsable de que se le haya visto desempeñando una variedad de funciones alegóricas. La primera, a nivel metafísico, sería como representante del Mal. Ricardo Gullón, por ejemplo, ve en Mauricia "la vida en cuanto caos; la vida sin regla ordenadora, que provoca desastres y conduce al desastre,"[6] al mismo tiempo que "sirve para mostrar cómo el alma del hombre puede desencadenarse en la violencia, sin posible freno."[7] En este caso, Mauricia sería la representación de la "inadaptada" y de la "inadaptable."[8] Otro grupo ve a Mauricia como uno de los polos opuestos en una ecuación, con Guillermina representando el otro extremo: "Mauricia *la Dura* y Guillermina Pacheco desempeñan una función clara, perfectamente definida... la polaridad de lo demoníaco y lo angélico, encarnado en dos personajes antagónicos, entre quienes no es difícil discernir una semejanza."[9] James H. Hoddie adopta, en su reseña a la obra de Vernon A. Chamberlin sobre Galdós y Beethoven, una actitud semejante a la de Ricardo Gullón cuando escribe que ambas, Mauricia y Guillermina, representan "two Napoleonic types... Evil and Good."[10] Para un último grupo Mauricia no es ya la antítesis de Guillermina sino que en ella misma se encuentran contenidos los dos extremos de la misma ecuación:

While it is undoubtedly true that she may be the personification of "lo demoníaco," and as such serves to tempt Fortunata away from the purpose of regeneration for which she had been sent to the Micaelas, we cannot forget that the sincerity and repentence, her religious faith, is a reflection of the Christian teaching of the forgiveness of sins.[11]

Más adelante, este mismo crítico añade:

Galdós' purpose ... is to allow Mauricia to be seen not merely as an intoxicated wretch, but rather to allow her to transcend the bonds of the flesh and become, on her own, a *santa*, a human being capable of redemption.[12]

La interpretación alegórica de la reclusa ha sido también llevada a cabo en los parámetros de índices sociológicos. En este contexto, Mauricia simboliza a la mujer del cuarto estado cuyo destino ha sido marcado por los estragos del alcohol y la consiguiente violencia y deterioración, física y moral, que caracteriza dicha condición en el ser humano. Joseph Schraibman escribe, "She [Mauricia] is an alcoholic and is given to tantrums and depressed states."[13] Según José F. Montesinos, "Mauricia padece una locura que es consecuencia de su vicio, como lo son la vida incontinente que ha llevado y su violencia terrible. Ese vicio es el alcoholismo."[14] Ricardo Gullón vuelve a señalar que la vida de vicio que lleva la reclusa resulta en "la violencia, la locura crepitante, esporádica" que la caracteriza.[15]

Pocos estudios se han logrado que hayan analizado con cierto detenimiento el discurso de Mauricia. Stephen Gilman fue uno de los pocos críticos que le dedicó una cierta, aunque breve, atención a este aspecto del personaje galdosiano. En su libro *Galdós and the Art of the European Novel: 1867-1887*, se refiere a "the occasional cogency and profane eloquence" de *la Dura*[16] y a que "in the most vivid death scenes dying [as in the case of Mauricia] is portrayed as a termination of speech."[17] En uno de sus artículos, Gilman se refiere al don de la "elocuencia" y de la "imaginación" que caracteriza el lenguaje de Mauricia.[18] Por otro lado, Joseph A. Fernández señala que uno de los léxicos que componen el discurso mauriciano, *alilao*, "Amos ... si tu marido es un *alilao* ... ," de procedencia gitana, deriva de *lila*, que quiere decir "tonto, fatuo."[19]

El discurso antagonista al de Mauricia, o sea aquél con el cual la palabra de la reclusa se mantiene en constante estado de diálogo, se vislumbra a través de las voces de varios de los personajes que rodean la palabra mauriciana: la del narrador, la de Guillermina Pacheco, las de las reclusas y religiosas de las Micaelas, la de doña Lupe, y en menor grado, la de Fortunata; cada voz de este discurso conlleva la multiplicidad de textos señalada. Entre los textos que participan del discurso antagonista están el realista, el religioso y el folletinesco.

El texto realista es precisamente el que le brinda al discurso antagonista una apariencia de verosimilitud. Con la presencia del texto realista, el cual emana principalmente de la voz del narrador, llegamos progresivamente a familiarizarnos con ciertos aspectos del discurso de Mauricia. Para imponer este proceso, el texto realista aporta citas y reminiscencias de otros textos, entre los que sobresalen el de carácter biográfico (el que determina sus antecedentes), el pictórico (el que marca sus retratos), el sociológico (el que establece sus relaciones). Con las glosas de este último, el texto realista interpreta, traduce, las relaciones familiares de Mauricia (hermana, hija), amistosas (Fortunata), e institucionales (la iglesia—católica y protestante—, la burguesía y el trabajo). Pone a la vista el texto sociológico, asimismo, la problematización en las relaciones entre la mujer del cuarto estado y dichas instituciones. Las citas del texto realista proyectan también una tipología de los trabajos asignados a las reclusas en el centro de rehabilitación religioso, la cual abarca horarios de trabajo, de descanso, de recreación, y de momentos asignados a la expansión espiritual de sus miembros. En esta tipología también se incluyen las diferencias que se establecen entre las recogidas que conviven bajo el mismo techo de la institución religiosa, las *Filomenas* y las *Josefinas;* diferencias basadas, exclusivamente, en el rango socio-económico de cada una. Otro aspecto del texto realista es aquél que deriva del mundo mercantil, vinculado al negocio de prendas. La voz de doña Lupe, viuda de Jáuregui, sería la máxima representante de este aspecto del discurso antagonista.

El siguiente texto que confronta el discurso de Mauricia es el religioso. Mucho se ha escrito sobre la presencia dominante de la religión en la narrativa galdosiana. Michael Nimetz indica que

> The Novelas contemporáneas portray a culture so thoroughly impregnated with religion and so devoid of any spiritual conflict between orthodoxy and atheism that for a character to deny God is laughable: it is like denying food or air.[20]

El texto religioso deriva de los preceptos éticos y morales del dogma católico enunciados principalmente por las monjas de las Micaelas, por Guillermina Pacheco y por doña Pura, aunque habría que señalar que esta última suple la función de eco, de caja de resonancia, de las dos primeras. Entre los preceptos que esbozan estas voces sobresalen los de la obediencia, la humildad y la abnegación de la mujer.

De las tres voces religiosas, es la de la *santa* la que más notoriedad ha logrado en la novela galdosiana. De la relación que ésta mantiene con Mauricia, escribe Nimetz:

> Guillermina Pacheco's reputation as a saint is not due only to her charitable work; her saintliness stems mainly from her belief that even the most wretched specimens of humanity, like Mauricia *la Dura*, are capable of reform or salvation.[21]

Subraya Nimetz que aunque los otros personajes no articulan el mismo credo que Guillermina, todos ellos se comportan de una manera semejante: "they behave as if charity and a certain amount of indulgence were second nature to them."[22]

El próximo texto que participa del discurso antagonista, y que sale a relucir en el diálogo que éste mantiene con el mauriciano, es aquél que proviene de las novelas de folletín. Varios de los incidentes vinculados a Mauricia, narrados ya sea por el narrador o por los otros personajes, podrían ser catalogados bajo los títulos de novelas de folletín publicadas aproximadamente en la misma fecha de *Fortunata y Jacinta*. Véanse los siguientes ejemplos: *La perdición de la mujer* de Enrique Pérez Escrich (1866), *Justicia de Dios* de Enrique Rodríguez Solís (1860), o *Una historia... como hay muchas* de M. Ossorio y Bernard (1871). La presencia del texto folletinesco se nota, además, en la imagen romántico-sentimental de la heroína virtuosa—de la madre abnegada, de la devota religiosa—con la que asiduamente confrontan las voces antagonistas a Mauricia. Doña Lupe le dice a Mauricia, "Hoy es para ti día feliz. Recibes a Dios y ves a tu nena" (p. 392). El narrador añade:

> Después del *trinquis*, Mauricia pareció como si resucitara, y su cara resplandecía de animación y contento. Entonces sí demostró que en el fondo du su ser existían instintos y sentimientos maternales; entonces sí que abrazó y besó con efusión tiernísima a la hija que había llevado en sus entrañas. (p. 392)

Sor Marcela le dice: "Me gusta verte tan entrada en razón.... Medita, medita en tus pecados, reza mucho y pídele al Señor y a la Santísima Virgen que te iluminen" (p. 249). El propósito en presentarle a Mauricia imágenes de protagonistas virtuosas, con las cuales pudiera la *Filomena* compararse, respondería al deseo de que ésta se sintiera en la necesidad, por no decir en la obligación, de querer emularlas.

Cada voz que participa del discurso antagonista, se aproxima a la palabra de *la Dura* con la esperanza, el deseo, de querer transformarla. Desatisfecha se encuentra cada una de ellas con el estado actual del discurso mauriciano. Anhelan su renovación, buscan su eradicación. Desean borrarla para siempre del mapa lingüístico en el que se halla para suplantarla con una nueva palabra, más en armonía con la de ellas. Le piden, por ejemplo, que se calle. "Cállate ya, por amor de Dios, no marees más," le dice Sor Marcela (p. 247). Las razones que se le dan para que silencie su discurso son de diferente índole. El narrador se refiere a las "insolencias terribles" que le salen por "aquella boca" (p. 247), al mismo tiempo que compara sus gemidos, emitidos en uno de sus momentos de delirio, con los de un perro "que se ha quedado fuera de su casa" (p. 264). Sor Marcela le recuerda que no es ella la que habla "sino el demonio que [le] anda dentro" (p. 247), al mismo tiempo que compara su discurso al de un "veneno" (p. 247). El narrador se refiere al "lenguaje vulgarísimo" de Mauricia (p. 243), a su "naturaleza desordenada, con alternativas misteriosas de depravación y afabilidad" (p. 243).

En la casa de las Micaelas, el nombre de Mauricia *la Dura* desaparece casi por completo. Es reemplazado por adjetivos: "estúpida," "lunática" y "tarasca." En algunos casos, los adjetivos aparecen nominalizados: "la arrepentida," "la delincuente," "la bribona," "la fiera" y "la arpía." En otros, estas mismas calificaciones aparecen ampliadas: "la infeliz tarasca viciosa" (p. 381). Aunque la mayoría de estos nombres le son asignados por diferentes miembros de las Micaelas, entre los que cuentan las religiosas y las reclusas, Guillermina Pacheco, doña Lupe y el narrador participan también del acto nombratorio aunque en el caso de este último algunos de los nombres llegan cargados de una cierta ironía. En algunos casos, la nomenclatura del discurso mauriciano adquiere características metafóricas, como cuando el narrador compara este discurso al del perro ya mencionado, un "perro que ladra mucho, pero que se sabe no ha de morder" (p. 246). Más adelante nos encontramos con la misma metáfora cuando el narrador señala que Mauricia "ladró un poco más; pero con tanto furor de palabras no hacía resistencia verdadera" (p. 247).

Una de las primeras características que distingue el discurso de Mauricia *la Dura*, y que lo aproxima al discurso antagonista, es su carácter intertextual. Semejante al primero, el discurso mauriciano se manifiesta a través de una variedad y multiplicidad de citas y reminiscencias textuales. En muchos casos, los textos que participan de su discurso son los mismos que participan del antagonista. No obstante, lo que al principio podría dar la impresión de ser la repetición, la imitación del primero, una de las distinciones del discurso de la *Filomena* es su actitud de confrontación y de contienda. A través de un aparente aspecto mimético confronta la palabra mauriciana a las voces antagonistas. Habría que señalar, asimismo, que la de Mauricia no llega desprovista de ciertas contradicciones, inherentes e imprescindibles, a la formulación de su palabra.

El primer texto que participa de la estructura intertextual del discurso de la reclusa proviene de la tradición oral del pueblo, la cual consiste en dos aspectos. El primero se proyecta en la abundancia del léxico popular madrileño, ya sea a manera de interjecciones individuales, o como una parte integral de frases u oraciones como "¡Peines y peinetas!" (p. 246); "peine": "No conoces tú el peine" (p. 255); "paices": "*Paices* boba" (p. 255); "amos":

"*amos*, que veo mucho" (p. 255); "comenencia": "Casadita[,] puedes hacer lo que quieras guardando el aparato de la *comenencia*" (p. 275); "mismamente": "Hasta para ser *mismamente* honrada te conviene" (p. 255); "pastelero": "así anda este mundo pastelero" (p. 256) y, "dinidá": "pero por el aquel de la *dinidá* no fuí" (p. 273). El segundo aspecto del texto popular del discurso mauriciano radica en la abundante presencia de proverbios y adagios. Como muestra véanse los siguientes ejemplos: "lo que una quería que saliera pez[,] sale rana" (p. 255) y "se ha de ir a ti como el gato a la carne" (p. 255).

El texto realista en el discurso de Mauricia es relativamente breve. Se limita, más que nada, a los enunciados vinculados a su ocupación de corredora de prendas. Sobresalen elocuciones relacionadas a su mercancía, como el pañolón de la marquesa de Tellería (p. 276), y a sus precios comerciales, "me han ofrecido treinta y ocho [reales]" (p. 276).

Las próximas citas y reminiscencias provienen del texto romántico. De éste proviene aquel rotundo y sonoro "yo" que define el discurso de Mauricia desde sus comienzos: "yo te lo digo" (p. 255), "yo le dejé bien sellaíto un ojo" (p. 243), "pues tengo yo mucha linterna" (p. 255). Este "yo" se confronta al discurso de los otros personajes con una intensidad sorprendente. En uno de los diálogos que Mauricia mantiene con Fortunata, vemos el vigor y la energía con la que defiende el derecho a su palabra: "si el hombre mío me lo quita una mona golosa y se me pone delante, ¡ay!, por algo me llaman Mauricia *la Dura*. Si me la veo delante, digo, y me viene con palabras superferolíticas..., la trinco por el moño, y así, así, le doy cuatro vueltas hasta que la acogoto..." (p. 394) y "A mí no me puede nadie.... Soy Mauricia *la Dura*" (p. 394).

En tanto discurso romántico es atemporal y anónimo. Carece de pasado y de vínculos que lo aten al presente. Por consiguiente, nos encontramos con un discurso basado en el desarraigo. Esta falta de identidad se manifiesta, asimismo, en el hecho de que el nombre que lo define se origina desde fuera: "A mí me llaman Mauricia *la Dura*" (p. 243). Dicha nomenclatura es, sin embargo, inconstante, mudable. Varía de acuerdo a los intereses o a las circunstancias que rodean al discurso. En algunos momentos se presenta fragmentado, ya sea designado con el primer nombre, Mauricia, o con el segundo, *la Dura*.

Otras citas y reminiscencias del discurso de Mauricia provienen de la novela de folletín. Este aspecto es muy importante ya que su aparente filosofía ética y moral, especialmente aquélla que despliega en los diálogos que mantiene con Fortunata, deriva casi exclusivamente del texto popular. Algunas de ellas llegan vinculadas al estado socio-económico de las protagonistas folletinescas, como por ejemplo, "a la que nace pobre no se la respeta" (p. 256) o "La pobre siempre debajo y las ricas pateándole la cara" (p. 394). Otras se refieren a los papeles o a las funciones de los personajes masculinos: "Los hombres son muy caprichosos" (p. 244) o "Los hombres son así: lo que tienen lo desprecian, y lo que ven guardado con llaves y candados, eso, eso es lo que se les antoja" (p. 274). Encontramos glosas referentes a las funciones o papeles del personaje mujer. Sobre la soltera leemos, "la mujer soltera es una esclava; no puede ni menearse" (p. 275) y, sobre la casada, "la que tiene un peine de marido tiene bula para todo" (p. 275). Sobre el matrimonio leemos, "te casas..., porque casarte es tu salvación" (p. 275). Por último, la ya tan discutida "idea" que Fortunata adoptará más adelante como uno de los principios fundamentales de su vida, proviene también de los paradigmas folletinescos del discurso mauriciano: "Y que no rabiará poco la otra [Jacinta] cuando vea que lo que ella no puede[,] para ti es coser y cantar" (p. 256) y "Dios te dará lo tuyo; eso no tiene duda..., porque es de ley.... si el marido de la señorita se quiere volver contigo y le recibes[,] no pecas, no pecas..." (p. 395). Habría que añadir que en el contexto de la novela popular, el discurso mauriciano es vocero de las antagonistas folletinescas, en otras palabras, de los rebeldes personajes femeninos que se oponen al discurso virtuoso de las castas y obedientes protagonistas.

Hay por lo menos dos textos más que componen el discurso de Mauricia. El próximo texto que se integra a su discurso es el religioso. Predominan en su "diccionario" citas y reminiscencias derivadas directamente del dogma católico tales como aquéllas vinculadas a la Eucaristía, la Custodia y la Hostia. Conjuntamente con estos enunciados también se encuentran referencias a la iconografía mariana en la figura de la Virgen y de su hijo Jesucristo. Por último, otro de los textos que componen su discurso es aquél que contiene enunciados eróticos, voluptuosos. Conviene aclarar, no obstante, que algunos de los textos señalados emergen a la superficie en aquellos momentos considerados por los otros personajes, y por la crítica en general, como momentos de locura, de borrachera, de delirio. Dada la regularidad con que estos momentos se repiten, valdría la pena, por consiguiente, indagar más a fondo en su significado, preguntarnos qué podrían designar en el marco de la estructura intertextual de su discurso.

Uno de los elementos que caracteriza la dinámica de la intertextualidad de Mauricia es su aspecto carnavalesco, el cual hace su acto de representación a manera de espectáculo público propio de una escena teatral en tres actos. Como toda obra de teatro, el discurso, protagonista, de Mauricia adopta una variedad de máscaras discursivas con las cuales confronta a los otros. El primer acto, denominado por el narrador como el "período prodrómico" (p. 245), se caracteriza por el silencio inicial, durante el cual Mauricia se queda "durante dos o tres horas taciturna" (p. 245). A éste le sigue el segundo, durante el cual la voz de Mauricia se manifiesta en "gruñidos" monosilábicos (p. 245). El tercero, central en la obra escénica, es

Mauricia la Dura 93

aquél en el que el discurso mauriciano experimenta una serie de transformaciones radicales. Para empezar, adquiere un estilo ampuloso, enfático, y su voz adopta un tono de virilidad, "con todo el grueso de su gruesísima voz" (p. 246). Los monosílabos de la segunda frase se hacen "guturales" y son emitidos "con [un] acento de sarcasmo infame y de grosería" (p. 246). Es también en este acto que los textos del discurso de Mauricia se van manifestando a través de una multiplicidad de máscaras lingüísticas, "retazos de palabras y fragmentos de cláusulas groseras" (p. 394), no acostumbradas en sus actividades discursivas usuales. Combina enunciados populares, arcaicos y contemporáneos, transforma fonemas y morfemas, repite elocuciones, tergiversa valores semánticos, yuxtapone cualidades poéticas a expresiones mundanas, y deroga de las reglas de la gramática y de la sintáctica tradicional. Como ejemplo veamos los siguientes enunciados: "Si no he sido yió..., amos, si no he sido yió... ¿Para qué me mira usted tantooo?... ¿Es que me quiere retrataaar?" (p. 246) o "yo era honrada como un sol, y aquí no nos enseñan más que peines y peinetas... ¡Ja, ja, ja!... Vaya con las señoras virtuosas y *santifiquísimas*. ¡Ja, ja, ja!" (p. 246).

Es en este tercer acto que el léxico mauriciano se confronta al discurso antagonista, invirtiendo la posición original de las gramáticas tradicionales. Veamos, como ejemplo, el texto religioso señalado. Recuérdese que de acuerdo al dogma católico, son las palabras que el sacerdote pronuncia durante el sacramento de la Eucaristía las que hacen posible la transubstanciación del pan y el vino en el cuerpo y la sangre de Cristo. En el caso de Mauricia, es su voz la que realiza tal acto, pero tergiversando la gramática religiosa. La Hostia, convertida metafóricamente en el cuerpo de Jesucristo, se transforma en un objeto de deseo, apetecible y sensual: "¡Qué guapo estás con tu cara blanca, con tu cara de hostia dentro del cerco de piedras finas!... ¡Oh, qué reguapo estás! ... Me gustas... ¡Te comería!" (p. 396). Cuando la Virgen aparece sin su hijo es Mauricia la que adopta el discurso mariano: "Estáte tranquila, que aunque me maten yo te lo traeré" (p. 263). De la misma manera, la Custodia y la Hostia en el discurso mauriciano sirven funciones más relacionadas al mundo terrenal que al espiritual. Mauricia anhela sacar a ambas de la posición pública que ocupan para ser colocadas en el anonimato; a la primera quiere arrojarla a un baúl y a la segunda a un pozo.

Como se puede ver, es en este tercer acto que el discurso de Mauricia desempeña su actividad carnavalesca más importante: actividad nominada por ella con el verbo "despotricar": "soy un papagayo, y la lengua se lo dice sola" (p. 249). En definitiva, es en el tercer acto que el discurso mauriciano ejerce un conjunto de operaciones discursivas propias del carnaval, realizado "de improviso para provocar la risa de algunas *filomenas* y la indignación de las señoras" (p. 245), aprovechándose, asimismo, para "hacer cualquier otro disparate más propio de chiquillos que de mujeres formales" (p. 245). Recuérdese de que para Bakhtin, es la risa que llega con el carnaval la que va desestabilizando el orden oficial:

> Laughter has a deep philosophical meaning, it is one of the essential forms of the truth concerning the world as a whole, concerning history and man; it is a peculiar point of view relative to the world; the world is seen anew, no less (and perhaps more) profoundly than when seen from the serious standpoint.[23]

Es la risa la que termina desplazando las voces antagonistas de su postura de encumbramiento, desprofanándolas, regenerándolas y renovándolas a través del gesto grotesco del carnaval. Dicho de otra manera, es el aspecto carnavalesco del discurso de Mauricia el que le permite adoptar una variedad de máscaras discursivas con las cuales confronta y parodia el discurso antagonista.

Como es de esperar, la reacción del discurso antagonista ante la actitud paródica de la reclusa es defensivo. Esta actitud se vislumbra en los nombres que le asignan a Mauricia, nombres derivados, casi todos, del mundo de los animales. El narrador, por ejemplo, compara el "estallar" de Mauricia con el de una "fiera," o los ojos de Mauricia con la "opacidad siniestra de los ojos de los gatos cuando van a atacar" (p. 246). Fortunata piensa que de haber tenido ella una oportunidad tal vez ella podría haber "aplacado a la bestia" (p. 269). Doña Lupe se refiere a las voces de Mauricia como si fueran "berridos" (p. 396). En el incidente que Maxi narra relatando el episodio de Mauricia con los protestantes, la imagen principal de esta narración es la de la reclusa como un animal atrapado. Guillermina, señala Maxi, "le echa un cordel al pescuezo [de Mauricia] y se la lleva" (p. 379).

A pesar de estas reacciones, el discurso mauriciano continúa desplegando su acto carnavalesco. Prolonga su juego al seguir insistiendo en la yuxtaposición de las máscaras discursivas con las cuales proyecta accesibilidad y atracción. Frente a Fortunata despliega afectividad; sus palabras "despertaban siempre en ella [Fortunata] estímulos de amor o desconsuelos que dormitaban en lo más escondido de su alma" (p. 256). En otros momentos desempeña el papel de intérprete o de traductor, "si tu marido es un *alilao*, quiere decirse si se deja gobernar por ti y te pones tú los pantalones . . ." (p. 255). Cuando el discurso antagonista parece dudar, Mauricia confirma su postura con la autoridad que le prestan sus textos. En ciertos momentos recurre al texto romántico: "Créetelo porque te lo digo yo" (p. 255); en otros, recurre a la máscara que le brinda el texto religioso. A Sor Marcela le dice, "Dígale, por Dios, a la superiora que estoy arrepentida y que me perdone" (p. 249) y "Echenme penitencias gordas y las cumpliré" (p. 249). Se reviste también del poder que le brinda el texto realista. En su deseo de venderle a la tía de Maxi los pañolones de la marquesa de Tellería, le señala lo atractivo de su mercancía, lo módico de sus precios y los

Mauricia *la Dura* 95

beneficios afectivos que obtendría en caso de comprarlos: "Mire, mire qué primores.... [La marquesa lo] da por un pedazo de pan. Anímese, señora, para que haga un regalo a su sobrina el día de mañana, que así sea el *escomienzo* de todas las felicidades" (p. 276).

El aspecto carnavalesco del discurso de Mauricia produce la dualidad de su palabra y su consiguiente ambigüedad. En un momento afirma una serie de preceptos mientras que en el próximo los niega. Sus versiones concernientes a los supuestos enunciados de Fortunata en su relación con Jacinta, vienen muy al caso. En la narración que relata concerniente a la visita de Jacinta exclama en un gesto admirativo, *"paicía* que entraba una luz en el cuarto" (p. 385). En otro momento le aconseja a Fortunata, sin embargo, que "[s]iempre y cuando puedas darle un disgusto [a Jacinta], dáselo, por vida del santísimo peine" (p. 256). En lo que toca a la actitud que Fortunata debe adoptar ante su rival, el discurso de Mauricia presenta este mismo aspecto conflictivo. Le da ánimos a Fortunata para que actúe según su propia voluntad: "Chica, no seas tonta, no te rebajes, no le tengas lástima [a Jacinta]" (p. 256); más adelante contradice su postura original cuando le dice a la amante del delfín, "Arrepiéntete, chica, y no lo dejes para luego" (p. 385).

En el último episodio del discurso de Mauricia, en el cual se nos relatan los momentos próximos a su muerte, parecería que nos fuéramos a confrontar con la extinción de su "diccionario," con el silencio de su palabra. En el instante previo a su expiración, sin embargo, emite una última palabra, la cual se caracteriza por la misma ambivalencia que ha distinguido su discurso hasta ahora. Esta ambigüedad se manifiesta en la dificultad que los personajes que la rodean tienen de descifrarla. Doña Lupe piensa, por ejemplo, que Mauricia dijo *más*, "a saber: *más jerez*" (p. 409), mientras que según otros personajes—Guillermina entre ellos—dijo *ya*, "Como quien dice: 'Ya veo la gloria y los ángeles'" (p. 409). La controversia que gira alrededor del posible enunciado de su discurso confirma la polivalencia de su palabra.

Con este final vemos la continuación del carnaval. El elemento de ambivalencia que cierra su última enunciación nos deja al narrador, a Fortunata, a Guillermina, a doña Lupe, y a nosotros, los lectores, en suspenso: ¿más?, ¿ya?, ¿ ? El discurso de Mauricia *la Dura*, basado en las contradicciones de sus múltiples textos y en la ambigüedad de su palabra, no tiene otro propósito, otro fin, que el de jugar: juego con el que confronta su propio discurso y se transforma, juego con el que desafía el discurso del otro y lo subvierte, juego, en resumidas cuentas, con el que confronta el discurso decimonónico del poder, madrileño y burgués.

Conclusión

BENITO PEREZ GALDOS comprende el encajonamiento en que se encuentra la literatura española de mediados del siglo diecinueve. Comprende, asimismo, las consecuencias desastrosas de esta condición que es responsable, por ejemplo, de que la literatura haya llegado a perder una conciencia de sí misma, de lo que significa ser, y pertenecer, a las letras españolas. Se sabe literatura pero ha dejado, ha olvidado, el concepto de sus orígenes. Se sabe controlada y manipulada por las letras extranjeras (particularmente la francesa y la inglesa). Aunque esta literatura sabe que el mercado del libro consume otras narrativas, se siente rechazada, y no está segura de las razones que puedan justificar esta reacción. Lo que sí comprende es que se encuentra en una época difícil, marcada por la incertidumbre y por la inseguridad. Sabe, por lo tanto, que el momento ha llegado para su renovación. El autor de las Novelas Contemporáneas se entrega a la búsqueda de una salida a esta precaria situación.

Benito Pérez Galdós busca la renovación literaria. Sobretodo, desea la creación de una narrativa que de alguna manera supere la anterior. Anhela, por consiguiente, la formulación de nuevas estructuras: estructuras que no sólo puedan darle a la narrativa española más vigor, más libertad, sino que logren transformarla radicalmente. Se decide, entonces, por mirar alrededor suyo, hacia atrás, hacia adelante. Lo que encuentra lo sorprende: presentes se encuentran otros discursos, provenientes de otros textos: algunos muy antiguos, otros contemporáneos; algunos tradicionales, otros experimentales; algunos literarios, otros no-literarios; algunos en prosa, otros en verso. Se pregunta, por consiguiente, de dónde vienen, por qué se encuentran en un espacio gráfico similar al que él vislumbra crear y, por último, cuál es la relación de su escritura con todos ellos. Como resultado de este cuestionamiento, de esta auto-reflexión, surge la nueva narrativa galdosiana.

La revolución que la nueva narrativa galdosiana trae consigo se concentra en la intertextualidad. Con este nuevo sistema funda Galdós su obra, la cual ha de marcar la litertura española desde entonces. Con este nuevo sistema saca a la literatura española de la postura de encajonamiento en que se ha encontrado por algún tiempo. Con este nuevo sistema, el de la intertextualidad, hace posible el autor de *Fortunata y Jacinta* la incorporación, en su propia narrativa, de lo otro. Es por medio del diálogo intertextual que los múltiples textos se conexionan entre sí en el espacio narrativo que les provee su escritura. A medida que se van relacionando se va produciendo ese entrelazamiento. Este acto hace posible que cada texto le vaya cediendo a otro el lugar que le corresponde.

El proceso intertextual tiene lugar en tres tipos de relaciones lingüísticas a través de espacios temporales concretos. En el primero, la confrontación se logra a nivel diacrónico. Las voces de los textos galdosianos dialogan con las de los textos contemporáneos a la época del escritor canario. Entre éstos se encuentran los textos realistas, los del folletín, los de la prensa, los del teatro chico, los del sainete, los de la ópera, los textos "extranjeros" como aquéllos producidos por la pluma de Balzac, de Dickens, de Flaubert. Ejemplos de diálogos en este primer nivel se encuentran en el discurso de Amparo, el cual lleva convenciones literarias del texto realista y del folletinesco. Su discurso entabla conversaciones con otros discursos marcados también por la multiplicidad de sus textos. Otro ejemplo se encuentra en el personaje de Jacinta. Esta, al igual que Amparo, carga en su discurso glosas de otros textos: folletinesco, realista, sociológico y—como buena mujer burguesa—político.

El segundo tipo en las relaciones dialógicas es aquél que se produce a un nivel temporal sincrónico. Los textos de la época de Galdós se confrontan con los del pasado y en tal encuentro sufren todos una dramática transformación. Augusta en *La incógnita* y en *Realidad* pertenece a este segundo momento. Su discurso procede de los textos ético/burgueses de mediados del siglo diecinueve, de vena progresista, los cuales parecen querer propagar, y cuestionar, una cierta problemática en la moralidad burguesa de este período. En el transcurso de la novela los textos de su discurso dialogan con las voces de otros textos que provienen del pasado y que divulgan una ética diferente (la del Quijote en la voz de Orozco) y antagonista (la de Calderón de la Barca en la de Federico Viera) de la suya. La palabra carnavalesca de Mauricia *la Dura*, extraordinario personaje de *Fortunata y Jacinta*, confronta los textos del discurso del poder de la España de la Restauración, entre los que sobresalen los religiosos, políticos y económicos. El resultado de tal encuentro es la tergiversación de aquéllos, su parodia, y la formulación de su propia palabra, basada esta última en la polivalencia y en la ambigüedad. La risa mauriciana, a medida que va construyendo su nueva palabra, va desmoronando la santidad del recinto lingüístico donde ha morado, hasta entonces, la autoridad textual.

Conclusión

El tercer nivel se crea con la combinación de ambos tipos de relaciones dialógicas, el diacrónico y el sincrónico. En las múltiples voces que distinguen la palabra del narrador de *Fortunata y Jacinta* descubrimos cómo la polifonía de voces que distingue a este insigne, aunque enigmático personaje, toma lugar a un nivel diacrónico y a un nivel sincrónico. Además de propagar el discurso del narrador las voces de los textos sociológico, religioso y realista—para mencionar sólo tres de ellos—de la época contemporánea a la de Galdós, entra en una relación dialógica con textos previos a los suyos, como son *Don Quijote*, *La Celestina*, y aquéllos provenientes del género picaresco, entre otros. El vástago de la familia Santa Cruz, Juanito, conocido con el apodo de *el delfín*, se distingue, asimismo, por su talento lingüístico. La facilidad con la que propaga su palabra lo estimula en la manipulación de aquellos textos portadores del mito de don Juan de la tradición española. Por otro lado, establece una relación dialógica con textos populares, de la burguesía y del cuarto estado. Volviendo a *Tormento* la voz de la protagonista entabla conversaciones con los textos de Ido del Sagrario, compuestos por el folletín y el realista y con el teatro del Siglo de Oro y la narrativa cervantina.

Al irse entablando los diálogos, cada texto va ocupando su lugar apropiado en el gran espacio narrativo de la obra de Galdós. A medida que lo hacen se van minando los aspectos de privilegio y de autoridad con los que muchos de los textos se han ido aproximando al diálogo. Como resultado, cada texto que participa del sistema intertextual va comprobando que el resultado del diálogo no es el de una confirmación de sus posiciones en el contexto de los criterios establecidos por los cánones literarios, sino todo lo contrario. El sistema dialógico no produce la confirmación de las posturas de dominio o de subordinación de un texto frente a otro. Lo que sí consigue es la subversión de todas las voces textuales con lo cual se logra el aspecto de parodia que marca la nueva novela española.

El tropo de la parodia, en el marco de nuestro estudio, toma un matiz ligeramente diverso de lo que tradicionalmente se ha entendido por este término. En el contexto del análisis intertextual la parodia no implica necesariamente la imitación burlesca de una escritura "seria" sino más bien el estado de confrontación entre dos o más textos: estado que hace posible la nivelización de los textos confrontados. La subversión en este caso implica que aquellos textos considerados tradicionalmente como "inferiores" por la crítica tradicional suben de categoría mientras que aquéllos considerados como "superiores" algo rebajan su condición como resultado de la confrontación dialógica. La consecuencia de esta nivelización es que *todos* los textos adquieren grados iguales de significación. En la novelística de Galdós no existe, por consiguiente, la palabra definitiva, cerrada, circular, final. Cada palabra se distingue por su ambigüedad y por su polivalencia precisamente como resultado de la dualidad, de la otredad: cada palabra establece una relación con otra palabra, cada texto penetra otro texto. De esta manera se consigue la confrontación y la comunicación desde varios ángulos dialógicos. Una voz en íntima conexión con otra voz arrastra, entonces, el extraordinario poder de la obra de Galdós. La noción dialógica del mundo penetra y define su narrativa.

Con el dialogismo intertextual, traído a nuestra atención por críticos como Bakhtin, Barthes, Kristeva y Todorov, vemos cómo Galdós consigue dos objetivos. En primer lugar, logra la tan ansiada y buscada renovación de las letras españolas de la segunda mitad del siglo diecinueve. El segundo aspecto va más allá de sus preocupaciones inmediatas, ya que logra demistificar los canones literarios y con éstos, los preceptos establecidos por la crítica tradicional. Con la demistificación de lo que ha constituído tradicionalmente "el texto literario," ha producido Galdós un cuestionamiento básico de lo que se había considerado hasta ese momento la literatura española y, específicamente, la literatura realista española. Ambos logros han contribuído, desde entonces, a un nuevo enfoque de la narrativa española.

Notas

Capítulo 1: Introducción: marco teórico

[1] Julia Kristeva, *Semiotike: Recherches pour une sémanalyse* (Paris: Editions du Seuil, 1969), p. 146.

[2] Véase, asimismo, el capítulo VII de la obra de Jonathan Culler, *Structural Poetics* (Ithaca, N.Y.: Cornell Univ. Press, 1975), pp. 131-60.

[3] Gustavo Pérez Firmat, "Apuntes para un modelo de la intertextualidad en literatura," *Romanic Review*, 69, Nos. 1-2 (1978), 2. Según Pérez Firmat, la intertextualidad funciona también a diferentes niveles. Tenemos el caso en el que el IT satura el texto (T = IT) o aquél en el que el ET satura el texto (T = ET). De ocurrir el primer caso, se presenta una repetición exacta del texto anterior. En el segundo, se obtiene el texto distinto, nuevo. Ambas posibilidades, según el crítico, pueden existir sólo en teoría, "pues la primera se anega en el hecho de que la mera existencia de la obra previa alteraría la composición de la copia, y la segunda en el hecho de que toda la obra, aunque muy marginalmente, guarda la huella—sino de un texto anterior—al menos de una escritura anterior" (p. 2).

[4] Gérard Genette, *Palimpsestes: La Littérature au second degré* (Paris: Editions du Seuil, 1982).

[5] Para un análisis más extenso del significado de "citas" y de "reminiscencias" se puede ver el artículo de Severo Sarduy, "El barroco y el neobarroco," en *América latina en su literatura*, ed. César Fernández Moreno (México: Siglo XX, 1972), pp. 167-84.

[6] Citado por Tzvetan Todorov, *Mikhail Bakhtin: The Dialogical Principle*, trad. Wlad Godzich (Minneapolis: Univ. of Minnesota Press, 1984), p. 57.

[7] Sarduy, pp. 173-74.

[8] Todorov, p. 26.

[9] P. N. Medvedev y M. M. Bakhtin, *The Formal Method in Literary Scholarship*, trad. A. J. Wehrle (Baltimore: Johns Hopkins Univ. Press, 1978), p. 119.

[10] Medvedev y Bakhtin, *The Formal Method*, p. 121.

[11] Mikhail Bakhtin, *The Dialogic Imagination*, ed. Michael Holquist, trad. Caryl Emerson y Michael Holquist (Austin: Univ. of Texas Press, 1981), p. 293.

[12] Bakhtin, *The Dialogic Imagination*, p. 291.

[13] Bakhtin, *The Dialogic Imagination*, p. 292. Todorov añade que para Bakhtin la cultura consiste de todos aquellos discursos retenidos por la memoria colectiva (p. x).

[14] Bakhtin, *The Dialogic Imagination*, p. 272.

[15] Bakhtin, *The Dialogic Imagination*, p. 280.

[16] Bakhtin, *The Dialogic Imagination*, p. 276.

[17] Bakhtin, *The Dialogic Imagination*, p. 426.

[18] M. Bakhtin, *Problems of Dostoevsky's Poetics*, trad. R. W. Rotsel (Ann Arbor, Mich.: Ardis, 1973), pp. 150-51.

[19] Todorov, p. 82.

[20] V. N. Voloshinov, "Stylistics or Artistic Discourse: 2. The Construction of Utterances," en *Writings of the Circle of Bakhtin*, trad. Wlad Godzich (Minneapolis: Univ. of Minnesota Press, por venir), citado por Todorov, p. 44.

[21] Bakhtin, *Dostoevsky*, p. 152.

[22] Todorov, p. 42.

[23] De acuerdo a Todorov estas posibilidades serían (1) la presencia plena o un diálogo explícito, (2) la hibridación: generalización de un estilo indirecto (el cual contiene dos enunciados), y (3) el discurso del otro no recibe una corraboración material pero aún así obtiene una respuesta (p. 73).

[24] Bakhtin, *The Dialogic Imagination*, p. 275. Entre los varios aspectos del dialogismo Todorov señala, asimismo, sus diferentes posibilidades: el dialogismo como debate, parodia polémica (el más aparente); confianza en el discurso de la otra persona; aceptación piadosa (discurso autoritario); búsqueda y extracción (forzada) de un significado profundamente arraigado; concordancia; infinidad de gradaciones y matices; superimposición de un significado sobre otro—de una voz sobre

otra; refuerzo, forzado (sin identificación); combinación de múltiples voces; comprensión complementaria; extrema comprensión complementaria (p. 74).

[25] Julia Kristeva, *Desire in Language*, trad. Thomas Gora, Alice Jardine y Leon S. Roudiez (New York: Columbia Univ. Press, 1980), p. 66.

[26] Jaime Alazraki, "El texto como palimpsesto: lectura intertextual de Borges," *Hispanic Review*, 52, No. 3 (verano de 1984), 282.

[27] Kristeva, *Desire in Language*, p. 78.

[28] Kristeva, *Desire in Language*, p. 76.

[29] Bakhtin, *Dostoevsky*, pp. 67-68.

[30] Roland Barthes, *Image, Music, Text*, trad. Stephen Heath (New York: Hill and Wang, 1977), p. 146.

[31] Roland Barthes, *S/Z*, trad. Richard Miller (New York: Hill and Wang, 1974).

[32] Bakhtin, *Dostoevsky*, pp. 108-37, and Kristeva, *Desire in Language*, esp. pp. 80-82.

[33] Z. Nelly Martínez, "El carnaval, el diálogo y la novela polifónica," *Hispamérica*, 6, No. 17 (agosto de 1977), 11.

[34] Anatoly Lunacharsky, *On Literature and Art*, trad. Avril Pyman y Fainna Glagoleva, ed. K. M. Cook, 2ª ed. (Moscow: Progress Publishers, 1973), p. 79. Resulta interesante la noción de Lunacharsky que la multiplicidad de voces presente en la obra de Dostoevsky sea el resultado de un tipo de esquizofrenia inherente en el temperamento del autor así como también de las condiciones sociales de aquella época tempestuosa en la que Dostoevsky escribe su obra: momento en el que va creciendo y se va arraigando el capitalismo.

[35] Bakhtin, *Dostoevsky*, p. 5.

[36] Bakhtin, *The Dialogic Imagination*, p. 39.

[37] Kristeva, *Desire in Language*, p. 85.

[38] Bakhtin, *Rabelais and His World*, trad. Helene Iswolsky (Cambridge, Mass.: MIT Press, 1968), p. 53.

[39] Bakhtin, *Rabelais*, p. 53.

[40] Bakhtin, *Rabelais*, p. 37.

Notas a las páginas 13–15

[41] Bakhtin, *Rabelais*, p. 39.

[42] Bakhtin, *Rabelais*, p. 20.

[43] Bakhtin, *Rabelais*, p. 22.

[44] Peter A. Bly, *Galdos's Novel of the Historical Imagination*, Monographs in Hispanic Studies, 2 (Liverpool [Merseyside]: F. Cairns, 1983); Peter B. Goldman, editor de *Fortunata y Feijoo: Four Studies of a Chapter by Pérez Galdós* (London: Tamesis Books, 1984) y autor de "El trabajo digestivo del espíritu: sobre la estructura de *Fortunata y Jacinta* y la función de Segismundo Ballester," *Kentucky Romance Quarterly*, 31, No. 2 (1984), 177-87; Germán Gullón, *El narrador en la novela del siglo XIX* (Madrid: Ed. Taurus, 1976) y "*Tristana*: literaturización y estructura novelesca," *Hispanic Review*, 45, No. 1 (invierno de 1977), 13-27; Ricardo Gullón, *Técnicas de Galdós* (Madrid: Ed. Taurus, 1970); John W. Kronik, "Estructuras dinámicas en *Nazarín*," *Anales Galdosianos*, 9 (1974), 81-98, "*El amigo Manso* and the Game of Fictive Autonomy," *Anales Galdosianos*, 12 (1977), 71-94, "Galdós and the Grotesque," *Anales Galdosianos*, Anejo (1978), pp. 39-54, "*Misericordia* as Metafiction," en *Homenaje a Antonio Sánchez Barbudo: ensayos de literatura española moderna*, ed. Benito Brancaforte et al. (Madison: Univ. of Wisconsin Press, 1981), pp. 37-50, "Galdosian Reflections: Feijoo and the Fabrication of Fortunata," *MLN*, 97, No. 2 (marzo de 1982), 272-310, y "Narraciones interiores en *Fortunata y Jacinta*," en *De Cadalso a Aleixandre: estudios sobre literatura e historia intelectual españolas*, ed. José Amor y Vázquez y A. David Kossoff (Madrid: Ed. Castalia, 1982), pp. 275-91; Diane F. Urey, *Galdós and the Irony of Language* (Cambridge: Cambridge Univ. Press, 1982); y Harriet S. Turner, "The Shape of Deception in *Doña Perfecta*," *Kentucky Romance Quarterly*, 31, No. 2 (1984), 125-34.

[45] Walter T. Pattison, *Benito Pérez Galdós* (Boston: G. K. Hall, 1975).

[46] Pattison, p. 86.

[47] Pattison, p. 115.

[48] M. de Riquer y J. Ma. Valverde, *Antología de la literatura española e hispanoamericana* (Barcelona: Ed. Vicens-Vives, 1965), p. 727.

[49] Roland Barthes, *Writing Degree Zero and Elements of Semiology*, trad. Annette Lavers y Colin Smith (Boston: Beacon Press, 1968), p. 68. Terry Eagleton, en *Literary Theory: An Introduction* (Minneapolis: Univ. of Minnesota Press, 1983), reacciona ante esta postura de Barthes en los siguientes términos: "The realist or representational sign, then, is for Barthes essentially unhealthy. It effaces its own status as a sign, in order to foster the illusion that we are perceiving reality without its intervention. The sign as 'reflection,' 'expression' or 'representation' denies the productive *character* of language: it suppresses the fact that we only have a 'world' at all because we have language to signify it, and that what we count as 'real' is bound up with what alterable structure of signification we live within" (p. 136).

Más adelante notamos, sin embargo, que Barthes ha cambiado su posición ante el realismo al señalar que los "detalles superfluos" presentes en toda narración realista—responsables de la mala opinión con la que se le ha tenido al realismo—son meramente descriptivos. La estructura de este lenguaje es para Barthes puramente sumatoria. No contiene, por consiguiente, "ese proyecto de elección y de narrativa que le da a la narración el perfil de una amplia ejecución" (Roland Barthes et al., "El efecto de la realidad," en *Lo verosímil*, trad. Beatriz Dorriots [Buenos Aires: Ed. Tiempo Contemporáneo, 1970] p. 37).

[50] Pierre Mackerey, *A Theory of Literary Production*, trad. Geoffrey Wall (London: Routledge and Kegan Paul, 1978), p. 37.

[51] S. Bacarisse, "The Realism of Galdós: Some Reflections on Language and the Perception of Reality," *Bulletin of Hispanic Studies*, 42, No. 4 (octubre de 1965), 248.

[52] Susan Kirkpatrick, "On the Threshold of the Realist Novel: Gender and Genre in *La Gaviota*," *PMLA*, 98, No. 3 (mayo de 1983), 326.

[53] Northrop Frye, *Anatomy of Criticism* (Princeton, N.J.: Princeton Univ. Press, 1957), p. 351.

[54] Kirkpatrick, p. 326.

[55] Barthes, *S/Z*, pp. 60-61.

[56] Roland Barthes, *Writing Degree Zero*, p. 27.

[57] Arnold vanGennep, *The Rites of Passage*, trad. Monica B. Vizedom y Gabrielle L. Caffee (Chicago: Univ. of Chicago Press, 1960).

[58] Véase el estudio de Jury Tynianov, "De l'évolution littéraire," en *Théorie de la littérature*, ed. Tzvetan Todorov (Paris: Editions du Seuil, 1965), pp. 120-37. También Terry Eagleton desarrolla ésta y otras de las ideas de Jury Tynianov en su capítulo titulado "Structuralism and Semiotics," en *Literary Theory*, pp. 91-126.

[59] Tynianov, p. 136.

[60] Tynianov, p. 137.

[61] Eagleton, p. 111.

[62] Un estudio más detallado de este género se encuentra en mi libro *Galdós y la literatura popular* (Madrid: SGEL, 1982). Véanse, asimismo, los trabajos de Juan Ignacio Ferreras, *La novela por entregas: 1840-1900* (Madrid: Ed. Taurus, 1972), de Leonardo Romero Tobar, *La novela popular española del siglo XIX* (Madrid: Fundación Juan March y Editorial Ariel, 1976) y de Francisco Ynduráin, *Galdós entre la novela y el folletín* (Madrid: Ed. Taurus, 1970).

[63] Carmen Luisa Fierro M., "Desconstrucción y construcción del discurso realista en *Fortunata y Jacinta*," *Acta Literaria*, No. 8 (1983), p. 91.

[64] Fierro M., p. 88.

Capítulo 2: *Tormento*

[1] Benito Pérez Galdós, *Tormento*, en *Obras completas*, IV (Madrid: M. Aguilar, 1941). En adelante los números de las páginas se indicarán al lado del texto citado.

[2] Robert M. Fedorchek analiza el uso del diálogo en esta novela y en *La de Bringas*, aunque el significado que le brinda a este término difiere del nuestro. Según Fedorchek, Galdós utiliza la retórica del diálogo para demostrar "matices de la conversación corriente" y para delinear a sus personajes. Robert M. Fedorchek, "Rosalía and the Rhetoric of Dialogue in Galdós' *Tormento* and *La de Bringas*," *Revista de Estudios Hispánicos*, 12, No. 2 (mayo de 1978), 199. Rosalía Bringas es para él el personaje que más depende del uso del lenguaje: "It is in Rosalía Bringas... that the rhetoric of dialogue becomes the quintessence of character. She creates and recreates herself through language; molds it like clay to fit her designs and desires; and uses it as an instrument of deception, superciliousness and hypocrisy" (p. 199).

[3] Este capítulo, ligeramente alterado, ha sido publicado como artículo: "El folletín como intertexto en *Tormento*," *Anales Galdosianos*, 17 (1982), 55-61. Se publica aquí con la autorización correspondiente.

[4] Ricardo Gullón, *Galdós, novelista moderno* (Madrid: Ed. Taurus, 1960).

[5] R. Gullón, *Galdós, novelista moderno*, p. 233.

[6] R. Gullón, *Galdós, novelista moderno*, p. 233.

[7] Michael Nimetz, *Humor in Galdós* (New Haven: Yale Univ. Press, 1968), p. 70.

[8] Nimetz, p. 70.

[9] Nimetz, p. 69.

[10] Benito Pérez Galdós, *La desheredada*, en *Obras completas*, IV (Madrid: M. Aguilar, 1941), 1018. Véase, asimismo, mi introducción, "Un modelo literario en la vida de Isidora Rufete," en *La Cruz del Olivar*, de Faustina Saez de Melgar, *Anales Galdosianos*, Anejo (1980).

Notas a las páginas 23–32

[11] Benito Pérez Galdós, *Un viaje redondo*, publicado por H. Chonon Berkowitz en su artículo "The Youthful Writings of Pérez Galdós," *Hispanic Review*, 1, No. 2 (abril de 1933), 91-121.

[12] Benito Pérez Galdós, "Observaciones sobre la novela contemporánea en España: Proverbios ejemplares y Proverbios cómicos, por D. Ventura Ruiz Aguilera," *Revista de España*, 57 (1870), 162-72.

[13] Pattison, p. 75.

[14] Anthony Percival, "Melodramatic Metafiction in *Tormento*," *Kentucky Romance Quarterly*, 31, No. 2 (1984), 155.

Capítulo 3: *La incógnita* y *Realidad*

[1] Gonzalo Sobejano, "Forma literaria y sensibilidad social en *La Incógnita* y *Realidad* de Galdós," *Revista Hispánica Moderna*, 30, No. 2 (abril de 1964), 89-107.

[2] Sobejano, p. 90.

[3] Sobejano, p. 97.

[4] Sobejano, p. 97.

[5] Ricardo Gullón, en su artículo "Una novela psicológica," lamenta que la forma dialogada de *Realidad* sea un obstáculo "para la adecuada introspección de las almas" de los personajes (*Insula*, 82 [octubre de 1952], 4).

[6] Sobejano, p. 95.

[7] Mariano Baquero Goyanes, "El perspectivismo irónico en Galdós," en *Benito Pérez Galdós*, ed. Douglass M. Rogers (Madrid: Ed. Taurus, 1973), p. 125.

[8] Roberto Sánchez, *El teatro en la novela: Galdós y Clarín* (Madrid: Insula, 1974), p. 125.

[9] Joaquín Casalduero, *Vida y obra de Galdós* (Buenos Aires: Ed. Losada, 1943), p. 94.

[10] Joaquín Casalduero, "*Ana Karenina* y *Realidad*," en *Benito Pérez Galdós*, ed. Douglass M. Rogers, p. 228.

[11] H. Chonon Berkowitz, *Pérez Galdós: Spanish Liberal Crusader* (Madison: Univ. of Wisconsin Press, 1948), p. 224.

[12] R. Gullón, "Una novela psicológica," p. 4. En otro trabajo suyo vinculado al mismo tema, Ricardo Gullón señala que la técnica que define a ambas novelas es de "doble versión novelesca" con la cual separa la "narración de los sucesos vistos desde el exterior, y el análisis del acontecimiento interior, las reacciones y los sentimientos" (*Galdós, novelista moderno*, p. 256).

[13] Según Paolo Valesio, "A 'text' does not have a unitary mode of existence, any more than a 'language' does; that is, a text is not a monolith but a family composed of several main varieties: those can be called (textual) dialects. Each textual dialect, in turn, is made up by a large number of textual idiolects: the various manuscripts or copies of printed volumes embodying (each one in its unique way, no matter how standardized the procedure) the text" (Paolo Valesio, *Novantiqua: Rhetorics as a Contemporary Theory* [Bloomington: Indiana Univ. Press, 1980], p. 14).

[14] Sobejano, "Forma literaria," p. 93.

[15] Valesio, p. 46.

[16] Benito Pérez Galdós, *La incógnita*, en *Obras completas*, V (Madrid: M. Aguilar, 1941), 810. *Realidad* también proviene de esta misma edición. En adelante los números de las páginas de ambas novelas se indicarán al lado del texto citado. *La incógnita* será marcada con las iniciales "LI" y *Realidad* con la "R."

[17] Ricardo Gullón, *Galdós, novelista moderno*, p. 255.

[18] Manolo Infante señala que la verdad subjetiva "suele ser un falso ídolo fabricado por nuestro pensamiento para adorarse en efigie" (LI, p. 742).

[19] Urey, p. 91.

[20] R. Gullón, *Galdós, novelista moderno*, p. 254. Más adelante en este mismo artículo, Gullón se refiere a otro diálogo, esta vez entre Infante y el lector. Según Gullón, el lector descubre los hechos "desde fuera" y no a través del primer interlocutor debido a las "muchas contradicciones que marcan su texto" (p. 254).

[21] George Portnoff, *La literatura rusa en España* (New York: Instituto de las Españas en los Estados Unidos, 1932), pp. 123 y ss.

[22] José A. Balseiro, *Novelistas españoles modernos* (New York: The Macmillan Co., 1933), p. 299.

[23] Casalduero, "*Ana Karenina* y *Realidad*," p. 220.

[24] En el capítulo de *Doña Perfecta* se analizará de una manera más amplia el aspecto múltiple y contradictorio del discurso orbajosense. Por ahora sólo cabe señalar que no es por casualidad que Orbajosa es el lugar donde se reciben las cartas de Manolo y de donde se le estimula a que siga escribiendo.

[25] Pérez Galdós colaboró asiduamente en la prensa de su época. En *La Nación*, por ejemplo, empezó a escribir en febrero de 1865, un poco más de un año de haber llegado a Madrid a estudiar derecho. En 1870 y 1871 colabora en *El Debate*, y en 1871 y 1872 en la *Revista de España*. A partir de enero de 1873 publica también en *La Guirnalda*.

[26] Reseña sobre el drama de cinco actos, *Realidad*, publicada originalmente en *El Sol*, 9, I, 31, e impresa en *Benito Pérez Galdós*, ed. Douglass M. Rogers, p. 450.

[27] *El Imparcial* [Madrid], Año XXIII, No. 7847 (25 de marzo de 1889), p. 1. A niveles comerciales, la explotación periodística de este texto realista alcanzó niveles bastante altos. Esto lo demuestran las cuantiosas y detalladas interpretaciones que sobre él aparecieron por toda España. Las ediciones eran luego vendidas en serie, siguiendo el modelo establecido por el comercio de las novelas de folletín.

[28] R. Gullón, "Una novela psicológica," p. 4.

[29] William H. Shoemaker, *Las cartas desconocidas de Galdós en "La Prensa" de Buenos Aires* (Madrid: Ed. Cultura Hispánica, 1973), pp. 327-28.

[30] Shoemaker, pp. 327-28.

[31] R. Gullón, "Una novela psicológica," p. 4.

[32] Joaquín Casalduero señala que la postura ética con la cual Orozco se debate de continuo "para lograr su perfección moral y depuración de interior" proviene del "imperativo kantiano pasando por Kierkegaard" (*"Ana Karenina y Realidad,"* p. 225).

[33] Joaquín Casalduero se refiere a la importancia que Galdós le presta en *Realidad* al texto histórico del siglo diecisiete debido, entre otras cosas, al hecho de que es en este período donde se queda marcada la característica que ha determinado el carácter español desde entonces: el "vivir en un mundo de ilusión" en el momento en que niega su colaboración "en la organización racionalista de Europa." Para Galdós, según Casalduero, es esta característica la que determina que todos los aspectos de la vida española, "engendren formas vacías de contenido, meras apariencias" (*"Ana Karenina y Realidad,"* p. 228).

Capítulo 4: *Doña Perfecta*

[1] Benito Pérez Galdós, *Doña Perfecta*, en *Obras completas*, IV (Madrid: M. Aguilar, 1941). En adelante los números de las páginas se indicarán al lado del texto citado.

[2] Matías Montes Huidobro, "Benito Pérez Galdós: el lenguaje como fuerza destructiva," en su *XIX: Superficie y fondo de estilo*, Estudios de Hispanófila, 17 (Chapel Hill: Estudios de Hispanófila, Dept. of Romance Languages, Univ. of North Carolina, 1971), pp. 23-35.

[3] Turner, p. 126.

[4] Barthes, *Image, Music, Text*, p. 158.

[5] Stephen Gilman, *Galdós and the Art of the European Novel: 1867-1887* (Princeton, N.J.: Princeton Univ. Press, 1981), p. 389.

[6] John W. Kronik, "*Misericordia* as Metafiction," en *Homenaje a Antonio Sánchez Barbudo*, p. 37.

[7] Gilman, *Galdos and the Art*, p. 383. Gilman señala, asimismo, que la noción de utilizar nombres de la mitología clásica la obtiene Galdós de su lectura de Balzac (p. 385, n. 10).

[8] David L. Sisto, "*Doña Perfecta* and *Doña Bárbara*," *Hispania*, 37, No. 2 (mayo de 1954), 167-70.

[9] Vernon A. Chamberlin y Jack Wiener, "*Doña Perfecta*, de Galdós y *Padres e hijos*, de Turgueneff: dos interpretaciones del conflicto entre generaciones," en *Benito Pérez Galdós*, ed. Douglass M. Rogers, pp. 231-43. Sobre el interés de Galdós por la historia rusa leemos: "Sin duda, una de las razones de ese interés fue la investigación de materiales históricos que Galdós llevó a cabo para sus *Episodios Nacionales*. El papel de Rusia en las guerras napoleónicas y su posterior influencia en España, durante el reinado de Fernando VII, fue tan importante que Galdós se vio obligado a informarse concienzudamente acerca del mismo" (p. 233).

[10] Varios críticos, basándose en la caracterización de Pepe Rey, confirman lo correcto de la actitud del protagonista frente a su manera de aproximarse a la realidad. Joaquín Casalduero, por ejemplo, señala la actitud de "reformador" que Galdós adopta en esta novela al querer transformar la manera de ser del español, "es decir, vivir en la realidad y no en la ilusión." Para Casalduero, éste es el "principio fundamental que rige la creación galdosiana" (Joaquín Casalduero, "*Ana Karenina y Realidad*," p. 229).

[11] Alexander H. Krappe ve ecos en el fiero discurso antireligioso del joven ingeniero de la obra del filósofo Heinrich Heine, *Zur Geschichte der Religion und*

Philosophie in Deutschland, y de Lucrecio, *De Rerum Natura* (citado por Chamberlin y Wiener, p. 243, n. 39).

[12] Véase el análisis de Stephen Gilman sobre las diferentes referencias clásicas en esta novela, "Las referencias clásicas de *Doña Perfecta*: tema y estructura de la novela," *Nueva Revista de Filología Hispánica*, 3, No. 4 (1949), 353-62.

[13] José F. Montesinos, *Galdós*, I (Madrid: Ed. Castalia, 1968), 181.

[14] Gustavo Correa señala que don Cayetano es "arqueología que trata de exhumar las glorias pasadas y de demostrar la continuidad heroica de su pueblo" (*El simbolismo religioso en las novelas de Pérez Galdós* [Madrid: Ed. Gredos, 1962], p. 39).

[15] Para un análisis más detallado del personaje de Cayetano Polentinos véase la obra de Gustavo Correa, *El simbolismo religioso en las novelas de Pérez Galdós*.

[16] Montes Huidobro, p. 23.

[17] Montes Huidobro, p. 23.

[18] Ricardo Gullón señala que con este verbo, silbar, Galdós anuncia que "cuanto diga [la señora de Amarillo] será más ponzoña destilada, ponzoña serpentina" (*Galdós, novelista moderno*, p. 236).

[19] El mismo proceso de sensibilidad que el joven ingeniero va experimentando a medida que se va familiarizando con el sistema de su propio discurso, lo va también sintiendo en su confrontación con el sistema que describe el pueblo de Orbajosa. La noción que originalmente tenía el muchacho de este lugar como resultado de la descripción idílica que su padre le había manifestado, va cambiando al paso que el discurso pueblerino le va demostrando no sólo su doble cara sino también la capacidad de destrucción de la que se siente capaz. La culminación de este proceso se manifiesta en el momento en el que el protagonista descubre, por un lado, la nobleza inherente del lugar, y por el otro, su naturaleza inhumana: "Representábase en su imaginación a la noble ciudad de su madre como una horrible bestia que en él clavaba sus feroces uñas y le bebía la sangre" (p. 439).

[20] La yuxtaposición vida/muerte en su aspecto temático ha sido estudiado por Jennifer Lowe en su artículo "Theme, Imagery and Dramatic Irony in *Doña Perfecta*," *Anales Galdosianos*, 4 (1969), 49-63.

[21] Lowe describe esta oposición en los siguientes términos: "The novel begins with a cold, grey dawn, though as Pepe travels cross-country with Licurgo the sky brightens with 'alegre irrupción' and 'esplendorosa claridad' (p. 410). However, the countryside beneath the sky remains dull and desolate like a ragged beggar sunning himself. The country around Orbajosa, then, seems to derive but little benefit from the brightness of the morning sky. It is again dawn when the army arrives to arouse

Orbajosa from its sleep (p. 458). Pepe, who like the army arrived at dawn, is killed at midnight, in the darkness" (p. 51).

[22] Rodolfo Cardona, introd., *Doña Perfecta* (Madrid: Cátedra, 1982), p. 40, n. 30.

Capítulo 5: *Fortunata y Jacinta*

[1] Benito Pérez Galdós, *Fortunata y Jacinta*, en *Obras completas*, IV (Madrid: M. Aguilar, 1941). En adelante los números de las páginas se indicarán al lado del texto citado.

[2] Barthes, *Image, Music, Text*, p. 146.

[3] Stephen Gilman, "La palabra hablada y *Fortunata y Jacinta*," en *Benito Pérez Galdós*, ed. Douglass M. Rogers, p. 297.

[4] Robert M. Jackson, "'Cervantismo' in the Creative Process of Clarín's *La Regenta*," MLN, 84 (1969), 208-27.

[5] Lucille V. Braun, en un artículo sobre Guillermina Pacheco, sugiere que Galdós interpreta la vida de la "santa" española de acuerdo con sus propias creencias religiosas. De aceptarse esta posibilidad, en el contexto de este estudio se podría añadir que Galdós interpreta a este personaje siguiendo sus propios textos religiosos de donde podrían provenir las ideas sostenidas por el escritor ("Galdós' Re-creation of Ernestina Manuel de Villena as Guillermina Pacheco," *Hispanic Review*, 38, No. 1 [enero de 1970], 32-55).

[6] Geoffrey Ribbans, *Pérez Galdós: "Fortunata y Jacinta"* (London: Grant and Cutler, 1977), p. 31.

[7] Geoffrey Ribbans, "Contemporary History in the Structure and Characterization of *Fortunata y Jacinta*," en *Galdós Studies*, ed. J. E. Varey (London: Tamesis Books, 1970), p. 90.

[8] Ribbans, "Contemporary History," p. 112.

[9] Para una descripción detallada de este tipo de recintos y de sus actividades véanse los artículos de Pedro Ortiz Armengol, "El convento de Las Micaelas en *Fortunata y Jacinta*," *La Estafeta Literaria*, 550 (15 de octubre de 1974), 4-7, y el de Lucille V. Braun, citado en la nota 5 de este capítulo.

[10] Ricardo Gullón, *Psicologías del autor y lógicas del personaje* (Madrid: Ed. Taurus, 1979), p. 14.

[11] Kronik, "*Misericordia* as Metafiction," p. 38.

[12] Kronik, "*Misericordia* as Metafiction," p. 39.

[13] Germán Gullón, *El narrador en la novela del siglo XIX*, p. 109. Según Gullón, existen cinco tipos de narradores: el observador (impasible, interesado, apasionado), el imaginativo (inventor de su realidad), el mitógrafo (creador de mitos), el didáctico (transmisor de alguna enseñanza) y el moralizante (p. 25). Más adelante, en su relación con el lector, Gullón añade las categorías del "narrador familiar," "narrador proselitista" y "narrador-informador" (p. 27).

[14] Carmen Bravo-Villasante, *Galdós visto por sí mismo* (Madrid: Ed. Magisterio Español, 1970), p. 27.

[15] Benito Pérez Galdós, prólogo, *El sabor de la tierruca*, 3ra ed. (Madrid: Aguilar, 1951), p. 14.

[16] Tomás Navarro, "La lengua de Galdós," *Revista Hispánica Moderna*, 9, No. 4 (octubre de 1943), 292.

[17] Gilman, "La palabra hablada y *Fortunata y Jacinta*," p. 312.

[18] Gilman, "La palabra hablada y *Fortunata y Jacinta*," p. 312, n. 37. Véase, asimismo, el trabajo de James Whiston, "Language and Situation in Part I of *Fortunata y Jacinta*," *Anales Galdosianos*, 7 (1972), 72-91 y, a nivel más general, el de José de Onís, "La lengua popular madrileña en la obra de Pérez Galdós," *Revista Hispánica Moderna*, 15 (1949), 353-63.

[19] Para Carlos Blanco Aguinaga, "Galdós delights in revealing the inauthenticity of Izquierdo's revolutionary ideas and attitudes" (Carlos Blanco Aguinaga, "On 'The Birth of Fortunata,'" *Anales Galdosianos*, 3 [1968], 18).

[20] Ribbans, *Pérez Galdós: "Fortunata y Jacinta,"* p. 81.

[21] Ribbans, *Pérez Galdós: "Fortunata y Jacinta,"* p. 81.

[22] James Whiston, "Language and Situation," p. 79. Para Whiston, "The animal and . . . commercial images criticise the materialism of the struggle for social and economic life, while the energy and resourcefulness which is concomitant with that struggle cannot fail to win the narrator's admiration" (p. 81).

[23] Stephen Gilman, "The Consciousness of Fortunata," *Anales Galdosianos*, 5 (1970), 56.

[24] Nuestra definición de "ángel" presenta cierta aproximación a la que Stephen Gilman le da en su artículo "The Birth of Fortunata." Para Gilman, esta exclamación de labios de la protagonista indica que Fortunata es escultora de

sí misma. En nuestro análisis el elemento creador de parte de la protagonista—la escultura tallada de Gilman—radica en la formulación de un nuevo lenguaje (*Anales Galdosianos*, 1 [1966], 71-83).

Capítulo 6: Mauricia la Dura

[1] Correa, pp. 112-13.

[2] Ricardo Gullón, *Galdós, novelista moderno*, p. 185.

[3] Geoffrey Ribbans, "El carácter de Mauricia *la Dura* en la estructura de *Fortunata y Jacinta*," *Actas del Quinto Congreso Internacional de Hispanistas*, II (Bordeaux: Universidad de Bordeaux III, 1977), 721.

[4] Ribbans, "El carácter de Mauricia *la Dura*," p. 715.

[5] Lucille V. Braun, "The Novelistic Function of Mauricia *la Dura* in Galdós' *Fortunata y Jacinta*," *Symposium*, 31, No. 4 (invierno de 1977), 281.

[6] R. Gullón, *Galdós, novelista moderno*, p. 223.

[7] R. Gullón, *Galdós, novelista moderno*, p. 222.

[8] R. Gullón, *Galdós, novelista moderno*, p. 223.

[9] Ricardo Gullón, "Estructura y diseño en *Fortunata y Jacinta*," *Papeles de Son Armadans*, 13, Nos. 143-44 (febrero-marzo de 1968), 225.

[10] James H. Hoddie, "*Fortunata y Jacinta* and *The Eroica*," *Anales Galdosianos*, 14 (1979), 138.

[11] Francisco Romero Pérez, "The Grandeur of Galdós' Mauricia *la Dura*," *Hispanic Journal*, 3, No. 1 (otoño de 1981), 108.

[12] Romero Pérez, p. 109.

[13] Joseph Schraibman, *Dreams in the Novels of Galdós* (New York: Hispanic Institute in the United States, 1960), p. 105.

[14] José F. Montesinos, *Galdós*, II (Madrid: Ed. Castalia, 1969), 217. Geoffrey Ribbans añade que la locura de Mauricia es sólo en parte el resultado del vicio que ésta tiene con el alcohol. Otros de los posibles elementos que han podido contribuir a la locura de *la Dura* son un "achaque de menstruación," un "cáncer abdominal

que explique sus dolores," una "perturbación mental" o, simplemente, "males de nervios" (Ribbans, "El carácter de Mauricia *la Dura*," p. 716).

[15] R. Gullón, *Galdós, novelista moderno*, p. 222.

[16] Gilman, *Galdós and the Art*, p. 281, n. 57.

[17] Gilman, *Galdós and the Art*, p. 284.

[18] Gilman, "La palabra hablada y *Fortunata y Jacinta*," p. 308.

[19] Joseph A. Fernández, "Deformaciones populacheras en el diálogo galdosiano," *Anales Galdosianos*, 13 (1978), 115.

[20] Nimetz, p. 204.

[21] Nimetz, p. 196.

[22] Nimetz, p. 196.

[23] Bakhtin, *Rabelais*, p. 66.

Bibliografía

Abrams, M. H. *The Mirror and the Lamp: Romantic Theory and the Critical Tradition.* New York: Oxford Univ. Press, 1953.

Alas, Leopoldo. *Palique.* Ed., introd. y notas de José María Martínez Cachero. Barcelona: Ed. Labor, 1973.

Alazraki, Jaime. "El texto como palimpsesto: lectura intertextual de Borges." *Hispanic Review,* 52, No. 3 (verano de 1984), 281-302.

Alfieri, G. A., y J. J. Alfieri. "El lenguaje familiar de Pérez Galdós." *Hispanófila,* 22 (1964), 27-73.

Andreu, Alicia G. "El folletín como intertexto en *Tormento.*" *Anales Galdosianos,* 17 (1982), 55-61.

―――. *Galdós y la literatura popular.* Madrid: SGEL, 1982.

Auerbach, Erich. *Mímesis: la realidad en la literatura.* Trad. I. Villanueva y E. Imaz. México: Fondo de Cultura Económica, 1950.

Babcock-Abrahams, Barbara. "The Novel and the Carnival World: An Essay in Memory of Joe Doherty." *MLN,* 89, No. 6 (diciembre de 1974), 911-37.

Bacarisse, S. "The Realism of Galdós: Some Reflections on Language and the Perception of Reality." *Bulletin of Hispanic Studies,* 42, No. 4 (octubre de 1965), 239-50.

Bakhtin, Mikhail. *The Dialogic Imagination.* Ed. Michael Holquist. Trad. Caryl Emerson y Michael Holquist. Austin: Univ. of Texas Press, 1981.

―――. *Problems of Dostoevsky's Poetics.* Trad. R. W. Rotsel. Ann Arbor, Mich.: Ardis, 1973.

Bakhtin, Mikhail. *Rabelais and His World*. Trad. Helene Iswolsky. Cambridge, Mass.: MIT Press, 1968.

Ball, H. B. "Torquemada: The Man and His Language." En *Galdós Studies*. Ed. J. E. Varey. London: Tamesis Books, 1970, pp. 136-63.

Balseiro, José A. *Novelistas españoles modernos*. New York: The Macmillan Co., 1933.

Baquero Goyanes, Mariano. "Las caricaturas literarias de Galdós." En *Perspectivismo y contraste*. Madrid: Ed. Gredos, 1963, pp. 43-83.

———. "El perspectivismo irónico en Galdós." En *Benito Pérez Galdós*. Ed. Douglass M. Rogers. Madrid: Ed. Taurus, 1973, pp. 121-42.

Barthes, Roland. *Image, Music, Text*. Trad. Stephen Heath. New York: Hill and Wang, 1977.

———. *Le Plaisir du texte*. Paris: Editions du Seuil, 1973.

———. *S/Z: An Essay*. Trad. Richard Miller. New York: Hill and Wang, 1974.

———. *Writing Degree Zero and Elements of Semiology*. Trad. Annette Lavers y Colin Smith. Boston: Beacon Press, 1968.

———, et al. "El efecto de la realidad." En *Lo verosímil*. Trad. Beatriz Dorriots. Buenos Aires: Ed. Tiempo Contemporáneo, 1970, pp. 95-101.

Berkowitz, H. Chonon. *Pérez Galdós: Spanish Liberal Crusader*. Madison: Univ. of Wisconsin Press, 1948.

Blanco Aguinaga, Carlos. "On 'The Birth of Fortunata.'" *Anales Galdosianos*, 3 (1968), 13-24.

Bly, Peter A. *Galdós's Novel of the Historical Imagination*. Monographs in Hispanic Studies, 2. Liverpool [Merseyside]: F. Cairns, 1983.

Bonet, Laureano. *Ensayos de crítica literaria*. Barcelona: Ed. Península, 1972.

Braun, Lucille V. "Galdós' Re-creation of Ernestina Manuel de Villena as Guillermina Pacheco." *Hispanic Review*, 38, No. 1 (enero de 1970), 32-55.

———. "The Novelistic Function of Mauricia *la Dura* in Galdós' *Fortunata y Jacinta*." *Symposium*, 31, No. 4 (invierno de 1977), 277-89.

Bravo-Villasante, Carmen. *Galdós visto por sí mismo*. Madrid: Ed. Magisterio Español, 1970.

Bibliografía

Cardona, Rodolfo, introd. *Doña Perfecta*. Madrid: Cátedra, 1982.

Cardwell, Richard A. "Galdos' *Doña Perfecta*: Art or Argument?" *Anales Galdosianos*, 7 (1972), 29-47.

Casalduero, Joaquín. "*Ana Karenina* y *Realidad*." En *Benito Pérez Galdós*. Ed. Douglass M. Rogers. Madrid: Ed. Taurus, 1973, pp. 209-30.

———. *Vida y obra de Galdós*. Buenos Aires: Ed. Losada, 1943.

Comas de Guembe, Dolores. *La función del monólogo de Benito Pérez Galdós y Miguel de Unamuno*. Mendoza: Universidad Nacional de Cuyo, 1969.

Correa, Gustavo. *El simbolismo religioso en las novelas de Pérez Galdós*. Madrid: Ed. Gredos, 1962.

Culler, Jonathan. *Structural Poetics*. Ithaca, N.Y.: Cornell Univ. Press, 1975.

———. "Presupposition and Intertextuality." *MLN*, 91, No. 6 (1976), 1380-96.

Chamberlin, Vernon A. "The *muletilla*: An Important Facet of Galdos' Characterization Technique." *Hispanic Review*, 29, No. 4 (octubre de 1961), 296-309.

———, y Jack Wiener. "*Doña Perfecta*, de Galdós y *Padres e hijos*, de Turgueneff: dos interpretaciones del conflicto entre generaciones." En *Benito Pérez Galdós*. Ed. Douglass M. Rogers. Madrid: Ed. Taurus, 1973, pp. 231-43.

Durand, Frank. "Two Problems in Galdós's *Tormento*." *MLN*, 79 (1964), 513-25.

Eagleton, Terry. *Literary Theory: An Introduction*. Minneapolis: Univ. of Minnesota Press, 1983.

Eoff, Sherman H. "The Formative Period of Galdos' Socio-Psychological Perspective." *Romanic Review*, 41, No. 1 (febrero de 1950), 33-41.

Fedorchek, Robert M. "Rosalía and the Rhetoric of Dialogue in Galdós' *Tormento* and *La de Bringas*." *Revista de Estudios Hispánicos*, 12, No. 2 (mayo de 1978), 199-216.

Fernández, Joseph A. "Deformaciones populacheras en el diálogo galdosiano." *Anales Galdosianos*, 13 (1978), 111-19.

Ferreras, Juan Ignacio. *La novela por entregas: 1840-1900*. Madrid: Ed. Taurus, 1972.

Fierro M., Carmen Luisa. "Desconstrucción y construcción del discurso realista en *Fortunata y Jacinta*." *Acta Literaria*, No. 8 (1983), pp. 87-98.

Frye, Northrop. *Anatomy of Criticism*. Princeton, N.J.: Princeton Univ. Press, 1957.

Genette, Gérard. *Palimpsestes: La Littérature au second degré*. Paris: Editions du Seuil, 1982.

Gilman, Stephen. "The Birth of Fortunata." *Anales Galdosianos*, 1 (1966), 71-83.

———. "The Consciousness of Fortunata." *Anales Galdosianos*, 5 (1970), 55-65.

———. *Galdós and the Art of the European Novel: 1867-1887*. Princeton, N.J.: Princeton Univ. Press, 1981.

———. "Galdós as Reader." *Anales Galdosianos*, 13 (1978), 21-37.

———. "La palabra hablada y *Fortunata y Jacinta*." En *Benito Pérez Galdós*. Ed. Douglass M. Rogers. Madrid: Ed. Taurus, 1973, pp. 293-319.

———. "Las referencias clásicas de *Doña Perfecta*: tema y estructura de la novela." *Nueva Revista de Filología Hispánica*, 3, No. 4 (1949), 353-62.

Gimeno Casalduero, Joaquín. "El tópico en la obra de Pérez Galdós." *Boletín del Seminario de Derecho Político* [Salamanca], 8-9 (1956), 35-52.

Goldman, Peter B., ed. *Fortunata y Feijoo: Four Studies of a Chapter by Pérez Galdós*. London: Tamesis Books, 1984.

———. "El trabajo digestivo del espíritu: sobre la estructura de *Fortunata y Jacinta* y la función de Segismundo Ballester." *Kentucky Romance Quarterly*, 31, No. 2 (1984), 177-87.

Gullón, Germán. *El narrador en la novela del siglo XIX*. Madrid: Ed. Taurus, 1976.

———. "*Tristana*: literaturización y estructura novelesca." *Hispanic Review*, 45, No. 1 (invierno de 1977), 13-27.

Gullón, Ricardo. "Estructura y diseño en *Fortunata y Jacinta*." *Papeles de Son Armadans*, 13, Nos. 143-44 (febrero-marzo de 1968), 223-316.

———. *Galdós, novelista moderno*. Madrid: Ed. Taurus, 1960.

———. "Lenguaje y técnica de Galdós." *Cuadernos Hispanoamericanos*, No. 80 (1958), pp. 38-61.

———. "Una novela psicológica." *Insula*, 82 (octubre de 1952), 4.

———. *Psicologías del autor y lógicas del personaje*. Madrid: Ed. Taurus, 1979.

Bibliografía

Gullón, Ricardo. *Técnicas de Galdós*. Madrid: Ed. Taurus, 1970.

Hafter, Monroe Z. "Ironic Reprise in Galdós' Novels." *PMLA*, 76, No. 3 (junio de 1961), 233-39.

Hall, H. B. "Torquemada: The Man and His Language." En *Galdós Studies*. Ed. J. E. Varey. London: Tamesis Books, 1970, pp. 136-63.

Hernon, J. Chalmers. *Don Quijote and the Novels of Pérez Galdós*. Ada, Okla.: East Central Oklahoma State College, 1955.

Hoddie, James H. "*Fortunata y Jacinta* and *The Eroica*." *Anales Galdosianos*, 14 (1979), 133-39.

Jackson, Robert M. "'Cervantismo' in the Creative Process of Clarín's *La Regenta*." *MLN*, 84 (1969), 208-27.

Jones, C. A. "Galdós's Second Thoughts on *Doña Perfecta*." *Modern Language Review*, 54, No. 4 (octubre de 1959), 570-73.

Kirkpatrick, Susan. "On the Threshold of the Realist Novel: Gender and Genre in *La Gaviota*." *PMLA*, 98, No. 3 (mayo de 1983), 323-40.

Kristeva, Julia. *Desire in Language*. Trad. Thomas Gora, Alice Jardine y Leon S. Roudiez. New York: Columbia Univ. Press, 1980.

———. *La révolution du langage poétique*. Paris: Editions du Seuil, 1974.

———. *Semiotike: Rercherches pour une sémanalyse*. Paris: Editions du Seuil, 1969.

———. *El texto de la novela*. Trad. Jordi Llovet. Barcelona: Lumen, 1974.

Kronik, John W. "*El amigo Manso* and the Game of Fictive Autonomy." *Anales Galdosianos*, 12 (1977), 71-94.

———. "Estructuras dinámicas en *Nazarín*." *Anales Galdosianos*, 9 (1974), 81-98.

———."Galdós and the Grotesque." *Anales Galdosianos*, Anejo (1978), pp. 39-54.

———. "Galdosian Reflections: Feijoo and the Fabrication of Fortunata." *MLN*, 97, No. 2 (marzo de 1982), 272-310.

———. "*Misericordia* as Metafiction." En *Homenaje a Antonio Sánchez Barbudo: ensayos de literatura española moderna*. Ed. Benito Brancaforte et al. Madison: Univ. of Wisconsin Press, 1981, pp. 37-50.

Kronik, John W. "Narraciones interiores en *Fortunata y Jacinta*." En *De Cadalso a Aleixandre: estudios sobre literatura e historia intelectual españolas*. Ed. José Amor y Vázquez y A. David Kossoff. Madrid: Ed. Castalia, 1982, pp. 275-91.

Lassaletta, Manuel C. *Aportaciones al estudio del lenguaje coloquial galdosiano*. Madrid: Insula, 1974.

Lida, Denah. "De Almudena y su lenguaje." *Nueva Revista de Filología Hispánica*, 15, Nos. 1-2 (1961), 297-308.

Lowe, Jennifer. "Theme, Imagery and Dramatic Irony in *Doña Perfecta*." *Anales Galdosianos*, 4 (1969), 49-63.

Lunacharsky, Anatoly. *On Literature and Art*. Trad. Avril Pyman y Fainna Glagoleva. Ed. K. M. Cook. 2ª ed. Moscow: Progress Publishers, 1973.

Mackerey, Pierre. *A Theory of Literary Production*. Trad. Geoffrey Wall. London: Routledge and Kegan Paul, 1978.

Marañón, Gregorio. *Don Juan*. Buenos Aires: Espasa-Calpe Argentina, 1947.

Martinez, Z. Nelly. "El carnaval, el diálogo y la novela polifónica." *Hispamérica*, 6, No. 17 (agosto de 1977), 3-21.

Medvedev, Pavel N., y Mikhail M. Bakhtin. *The Formal Method in Literary Scholarship*. Trad. A. J. Wehrle. Baltimore: Johns Hopkins Univ. Press, 1978.

Menéndez y Arranz, Juan. *Un aspecto de la novela "Fortunata y Jacinta."* Madrid: Martín Villagroz, 1952.

Montes Huidobro, Matías. "Benito Pérez Galdós: el lenguaje como fuerza destructiva." En su *XIX: Superficie y fondo de estilo*. Estudios de Hispanófila, 17. Chapel Hill: Estudios de Hispanófila, Dept. of Romance Languages, Univ. of North Carolina, 1971, pp. 23-35.

Montesinos, José F. *Galdós*. Vols. I y II. Madrid: Ed. Castalia, 1968 y 1969, respectivamente.

Navarro, Tomás. "La lengua de Galdós." *Revista Hispánica Moderna*, 9, No. 4 (octubre de 1943), 292-93.

Nimetz, Michael. *Humor in Galdós*. New Haven: Yale Univ. Press, 1968.

Ong, Walter J. *Rhetoric, Romance and Technology.* Studies in the Interaction of Expression and Culture. Ithaca, N.Y.: Cornell Univ. Press, 1971.

Onís, José de. "La lengua popular madrileña en la obra de Pérez Galdós." *Revista Hispánica Moderna,* 15 (1949), 353-63.

Ortiz Armengol, Pedro. "El convento de Las Micaelas en *Fortunata y Jacinta.*" *La Estafeta Literaria,* 550 (15 de octubre de 1974), 4-7.

Papastamatiu, Basilia. *El pensamiento común, textos libres.* Buenos Aires: Ed. Airón, 1956.

Parisier Plottel, Jeanine, y Hanna Charney. *Intertextuality: New Perspectives in Criticism.* New York: New York Literary Forum, 1978.

Pattison, Walter T. *Benito Pérez Galdós.* Boston: G. K. Hall, 1975.

Percival, Anthony. "Melodramatic Metafiction in *Tormento.*" *Kentucky Romance Quarterly,* 31, No. 2 (1984), 153-60.

Pérez Firmat, Gustavo. "Apuntes para un modelo de la intertextualidad en literatura." *Romanic Review,* 69, Nos. 1-2 (1978), 1-14.

Pérez Galdós, Benito. *Obras completas.* 6 vols. Ed. Federico Carlos Sainz de Robles. Madrid: M. Aguilar, 1941-42.

———. "Observaciones sobre la novela contemporánea en España: Proverbios ejemplares y Proverbios cómicos, por D. Ventura Ruiz Aguilera." *Revista de España,* 57 (1870), 162-72.

———. *Un viaje redondo.* En "The Youthful Writings of Pérez Galdós." De H. Chonon Berkowitz. *Hispanic Review,* 1, No. 2 (abril de 1933), 91-121.

Portnoff, George. *La literatura rusa en España.* New York: Instituto de las Españas en los Estados Unidos, 1932.

Ribbans, Geoffrey. *Pérez Galdós: "Fortunata y Jacinta."* London: Grant and Cutler, 1977.

———. "El carácter de Mauricia *la Dura* en la estructura de *Fortunata y Jacinta.*" *Actas del Quinto Congreso Internacional de Hispanistas,* II (Bordeaux: Universidad de Bordeaux III, 1977), 713-21.

Ribbans, Geoffrey. "Contemporary History in the Structure and Characterization of *Fortunata y Jacinta.*" En *Galdós Studies.* Ed. J. E. Varey. London: Tamesis Books, 1970, pp. 90-113.

Rico Verdu, José. *La retórica española de los siglos XVI y XVII.* (Anejos de *Revista de Literatura*). Madrid: Consejo Superior de Investigaciones Científicas, 1973.

Riquer, M. de, y J. María Valverde. *Antología de la literatura española e hispanoamericana.* Barcelona: Ed. Vicens-Vives, 1965.

Rodríguez, Alfred. "Unos don Juanes de Galdós." *Studies in Honor of M. J. Benardette (Essays in Hispanic and Sephardic Culture).* Ed. Izaak A. Langnas y Barton Sholod. New York: Las Americas Publishing Co., 1965, pp. 167-76.

Rogers, Douglass M., ed. *Benito Pérez Galdós.* Madrid: Ed. Taurus, 1973.

―――. "Lenguaje y personaje en Galdós." *Cuadernos Hispanoamericanos,* No. 206 (1967), pp. 243-73.

Romero Pérez, Francisco. "The Grandeur of Galdós' Mauricia *la Dura.*" *Hispanic Journal,* 3, No. 1 (otoño de 1981), 107-14.

Romero Tobar, Leonardo. *La novela popular española del siglo XIX.* Madrid: Fundación Juan March y Editorial Ariel, 1976.

Saez de Melgar, Faustina. *La Cruz del Olivar.* Introd. de Alicia G. Andreu. *Anales Galdosianos,* Anejo (1980).

Sánchez, Roberto G. "*Doña Perfecta* and the Histrionic Projection of a Character." *Revista de Estudios Hispánicos,* 3, No. 2 (noviembre de 1969), 175-90.

―――. "El sistema dialogal en algunas novelas de Galdós." *Cuadernos Hispanoamericanos,* 235 (1969), 155-67.

―――. *El teatro en la novela: Galdós y Clarín.* Madrid: Insula, 1974.

Sarduy, Severo. "El barroco y el neobarroco." En *América latina en su literatura.* Ed. César Fernández Moreno. México: Siglo XX, 1972, pp. 167-84.

―――. *Escrito sobre un cuerpo.* Buenos Aires: Ed. Sudamericana, 1969.

Schraibman, Joseph. *Dreams in the Novels of Galdós.* New York: Hispanic Institute in the United States, 1960.

Shoemaker, William H. *Las cartas desconocidas de Galdós en "La Prensa" de Buenos Aires.* Madrid: Ed. Cultura Hispánica, 1973.

Shoemaker, William H. "Galdós' Literary Creativity: D. José Ido del Sagrario." *Hispanic Review*, 19, No. 3 (julio de 1951), 204-37.

———. *Los prólogos de Galdós*. México: Ediciones de Andrea, 1962.

Sisto, David L. "*Doña Perfecta* and *Doña Bárbara*." *Hispania*, 37, No. 2 (mayo de 1954), 167-70.

Sobejano, Gonzalo. "Forma literaria y sensibilidad social en *La Incógnita* y *Realidad*, de Galdós." *Revista Hispánica Moderna*, 30, No. 2 (abril de 1964), 89-107.

———. "Razón y suceso de la dramática galdosiana." *Anales Galdosianos*, 5 (1970), 39-54.

Spitzer, Leo. *Lingüística e historia literaria*. Madrid: Ed. Gredos, 1955.

Standish, Peter. "Theatricality and Humor: Galdós' Technique in *Doña Perfecta*." *Bulletin of Hispanic Studies*, 54, No. 3 (1977), 223-31.

Tirso de Molina. *El burlador de Sevilla y Convidado de piedra*. Prólogo de F. García Pavón. Madrid: Ed. Taurus, 1979.

Todorov, Tzvetan. *Mikhail Bakhtin: The Dialogical Principle*. Trad. Wlad Godzich. Minneapolis: Univ. of Minnesota Press, 1984.

Turner, Harriet S. "The Shape of Deception in *Doña Perfecta*." *Kentucky Romance Quarterly*, 31, No. 2 (1984), 125-34.

———. "Strategies in Narrative Point of View: On Meaning and Morality in the Galdós Novel." En *Homenaje a Antonio Sánchez Barbudo: ensayos de literatura española moderna*. Ed. Benito Brancaforte et al. Madison: Univ. of Wisconsin Press, 1981, pp. 61-77.

Tynianov, Jury. "De l'évolution littéraire." En *Théorie de la littérature*. Ed. Tzvetan Todorov. Paris: Editions du Seuil, 1965, pp. 120-37.

Ullman, Stephen. *Language and Style*. Oxford: Basil Blackwell, 1964.

———. *Style in the French Novel*. Cambridge: Cambridge Univ. Press, 1957.

Urey, Diane F. *Galdós and the Irony of Language*. Cambridge: Cambridge Univ. Press, 1982.

Valesio, Paolo. *Novantiqua: Rhetorics as a Contemporary Theory*. Bloomington: Indiana Univ. Press, 1980.

VanGennep, Arnold. *The Rites of Passage.* Trad. Monica B. Vizedom y Gabrielle L. Caffee. Chicago: Univ. of Chicago Press, 1960.

Varey, J. E. *Galdós Studies.* London: Tamesis Books, 1970.

———. *Pérez Galdós: "Doña Perfecta."* London: Grant and Cutler, 1971.

Voloshinov, V. N. "Stylistics or Artistic Discourse: 2. The Construction of Utterances." En *Writings of the Circle of Bakhtin.* Trad. Wlad Godzich. Minneapolis: Univ. of Minnesota Press, por venir. Citado por Tzvetan Todorov, *Mikhail Bakhtin: The Dialogical Principle.* Minneapolis: Univ. of Minnesota Press, 1984, p. 44.

Weber, Robert J. "Varia: Galdós and Orbajosa." *Hispanic Review,* 31, No. 4 (octubre de 1963), 348-49.

Whiston, James. "Language and Situation in Part I of *Fortunata y Jacinta.*" *Anales Galdosianos,* 7 (1972), 79-91.

Woodbridge, Hensley C. *Benito Pérez Galdós: A Selective Annotated Bibliography.* Metuchen, N.J.: Scarecrow Press, 1975.

Ynduráin, Francisco. *Galdós entre la novela y el folletín.* Madrid: Ed. Taurus, 1970.

Zamora, Vicente. *Lengua, literatura, intimidad.* Madrid: Ed. Taurus, 1967.

Zorrilla, José. *Don Juan Tenorio.* Prólogo de F. García Pavón. Madrid: Ed. Taurus, 1979.

Since its inception in 1980, PURDUE UNIVERSITY MONOGRAPHS IN ROMANCE LANGUAGES has acquired a distinguished reputation for its high standards and valuable contributions to Romance scholarship. The collection contains critical studies of literary or philological importance in the areas of Peninsular, Latin American, or French literature or language. Also included are occasional critical editions of important texts from these literatures. Among the authors are some of the finest of today's writers from both the new generation of scholars and the ranks of more established members of the profession. Writing in English, French, or Spanish, the authors address their subjects with insight and originality in books of approximately 200 pages. Recent releases are issued in both cloth and paper, and have attractive, individualized covers. All volumes are printed on acid free paper.

INQUIRIES CONCERNING THE SUBMISSION OF MANUSCRIPTS should be directed to the General Editor, Allan H. Pasco, Department of Foreign Languages and Literatures, Purdue University, West Lafayette, Indiana 47907 USA.

Available from
PURDUE UNIVERSITY MONOGRAPHS IN ROMANCE LANGUAGES

1. John R. Beverley: *Aspects of Góngora's "Soledades."* Amsterdam, 1980. xiv, 139 pp. Cloth.
2. Robert Francis Cook: *"Chanson d'Antioche," chanson de geste: Le Cycle de la Croisade est-il épique?* Amsterdam, 1980. viii, 107 pp. Cloth.
3. Sandy Petrey: *History in the Text: "Quatrevingt-Treize" and the French Revolution.* Amsterdam, 1980. viii, 129 pp. Cloth.
4. Walter Kasell: *Marcel Proust and the Strategy of Reading.* Amsterdam, 1980. x, 125 pp. Cloth.
5. Inés Azar: *Discurso retórico y mundo pastoral en la "Egloga segunda" de Garcilaso.* Amsterdam, 1981. x, 171 pp. Cloth.
6. Roy Armes: *The Films of Alain Robbe-Grillet.* Amsterdam, 1981. x, 216 pp. Cloth.
7. David M. Dougherty and Eugene B. Barnes, eds.: *Le "Galien" de Cheltenham.* Amsterdam, 1981. xxxvi, 203 pp. Cloth.
8. Ana Hernández del Castillo: *Keats, Poe, and the Shaping of Cortázar's Mythopoesis.* Amsterdam, 1981. xii, 135 pp. Cloth.
9. Carlos Albarracín-Sarmiento: *Estructura del "Martín Fierro."* Amsterdam, 1981. xx, 336 pp. Cloth.

PURDUE UNIVERSITY MONOGRAPHS IN ROMANCE LANGUAGES (Continued)

10. C. George Peale et al., eds.: *Antigüedad y actualidad de Luis Vélez de Guevara: Estudios críticos.* Amsterdam, 1983. xii, 298 pp. Cloth.
11. David Jonathan Hildner: *Reason and the Passions in the "Comedias" of Calderón.* Amsterdam, 1982. xii, 119 pp. Cloth.
12. Floyd Merrell: *Pararealities: The Nature of Our Fictions and How We Know Them.* Amsterdam, 1983. xii, 170 pp. Cloth.
13. Richard E. Goodkin: *The Symbolist Home and the Tragic Home: Mallarmé and Oedipus.* Amsterdam, 1984. xvi, 203 pp. Paper.
14. Philip Walker: *"Germinal" and Zola's Philosophical and Religious Thought.* Amsterdam, 1984. xii, 157 pp. Paper.
15. Claire-Lise Tondeur: *Gustave Flaubert, critique: Thèmes et structures.* Amsterdam, 1984. xiv, 119 pp. Paper.
16. Carlos Feal: *En nombre de don Juan (Estructura de un mito literario).* Amsterdam, 1984. x, 175 pp. Paper.
17. Robert Archer: *The Pervasive Image: The Role of Analogy in the Poetry of Ausiàs March.* Amsterdam, 1985. xii, 220 pp. Paper.
18. Diana Sorensen Goodrich: *The Reader and the Text: Interpretative Strategies for Latin American Literatures.* Amsterdam, 1986. xii, 150 pp. Paper.
19. Lida Aronne-Amestoy: *Utopía, paraíso e historia: inscripciones del mito en García Márquez, Rulfo y Cortázar.* Amsterdam, 1986. xii, 167 pp. Paper.
20. Louise Mirrer-Singer: *The Language of Evaluation: A Sociolinguistic Approach to the Story of Pedro el Cruel in Ballad and Chronicle.* Amsterdam, 1986. xii, 128 pp. Paper.
21. Jo Ann Marie Recker: *"Appelle-moi 'Pierrot'": Wit and Irony in the "Lettres" of Madame de Sévigné.* Amsterdam, 1986. x, 128 pp. Paper.
22. J. H. Matthews: *André Breton: Sketch for an Early Portrait.* Amsterdam, 1986. xii, 176 pp. Paper.
23. Peter V. Conroy, Jr.: *Intimate, Intrusive, and Triumphant: Readers in the "Liaisons dangereuses."* Amsterdam, 1987. xii, 139 pp. Paper.
24. Mary Jane Stearns Schenck: *The Fabliaux: Tales of Wit and Deception.* Amsterdam, 1987. xiv, 168 pp. Paper.
25. Joan Tasker Grimbert: *"Yvain" dans le miroir: Une Poétique de la réflexion dans le "Chevalier au lion" de Chrétien de Troyes.* Amsterdam, 1988. xii, 226 pp. Cloth and paper.
26. Anne J. Cruz: *Imitación y transformación: el petrarquismo en la poesía de Boscán y Garcilaso de la Vega.* Amsterdam, 1988. x, 156 pp. Cloth and paper.
27. Alicia G. Andreu: *Modelos dialógicos en la narrativa de Benito Pérez Galdós.* Amsterdam, 1989. xvi, 126 pp. Cloth and paper.
28. Milorad R. Margitić, ed.: *Le Cid: Tragi-comédie.* By Pierre Corneille. A critical edition. Amsterdam, 1989. lxxxvi, 302 pp. Cloth and paper.